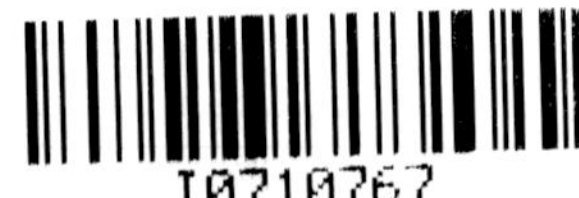

This Book Belongs to

____

____

____

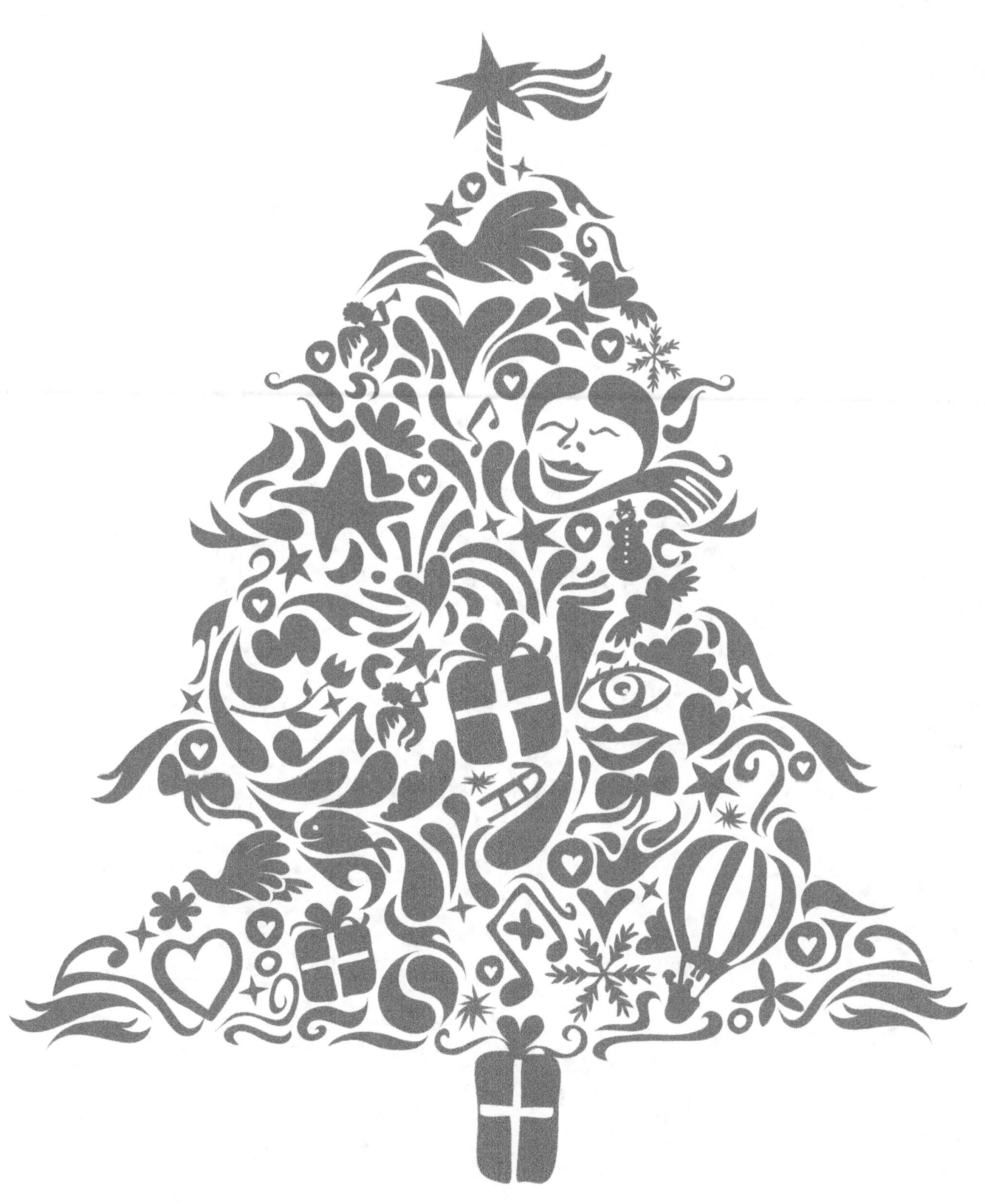
MERRY CHRISTMAS

Color Test

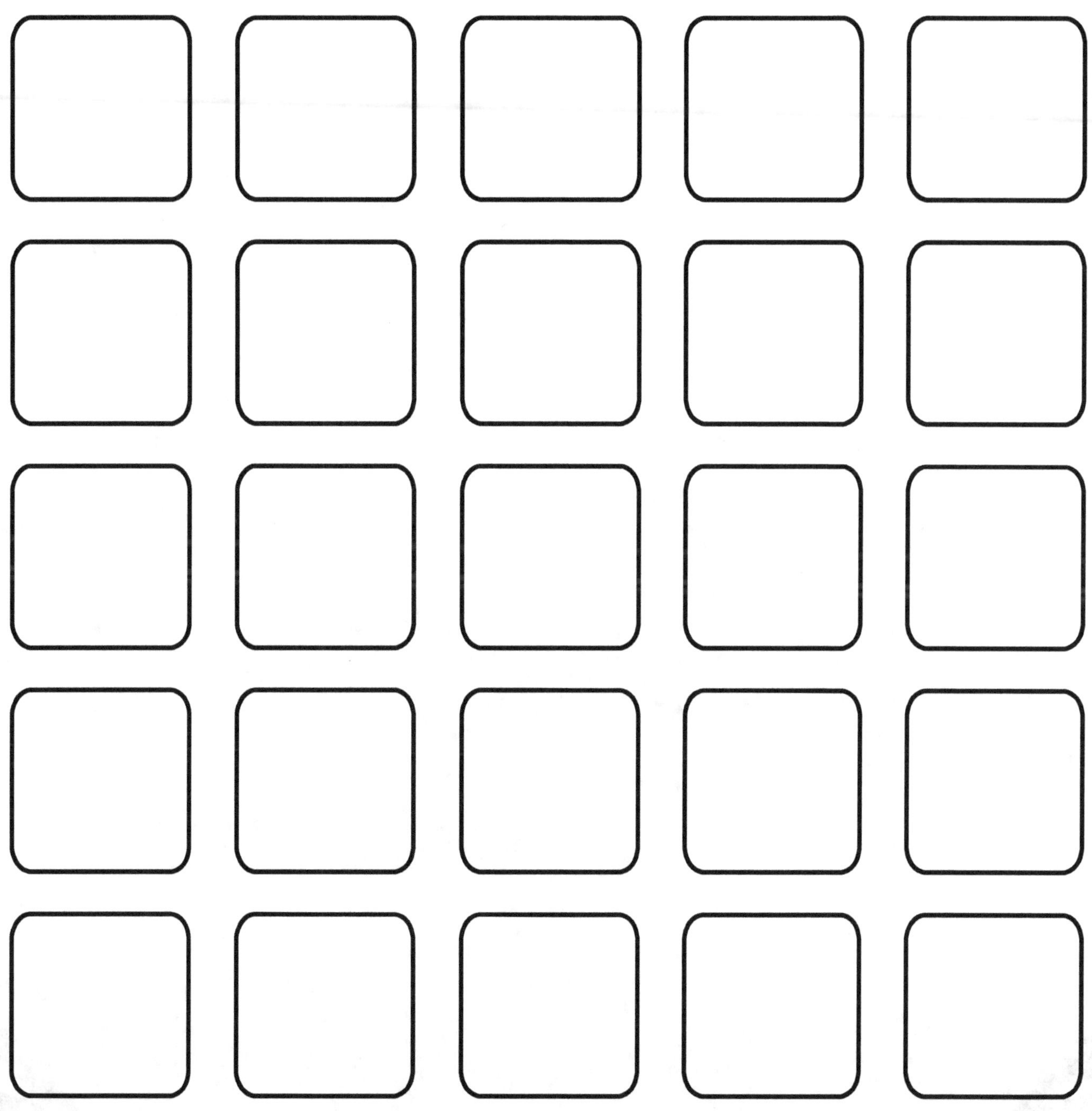

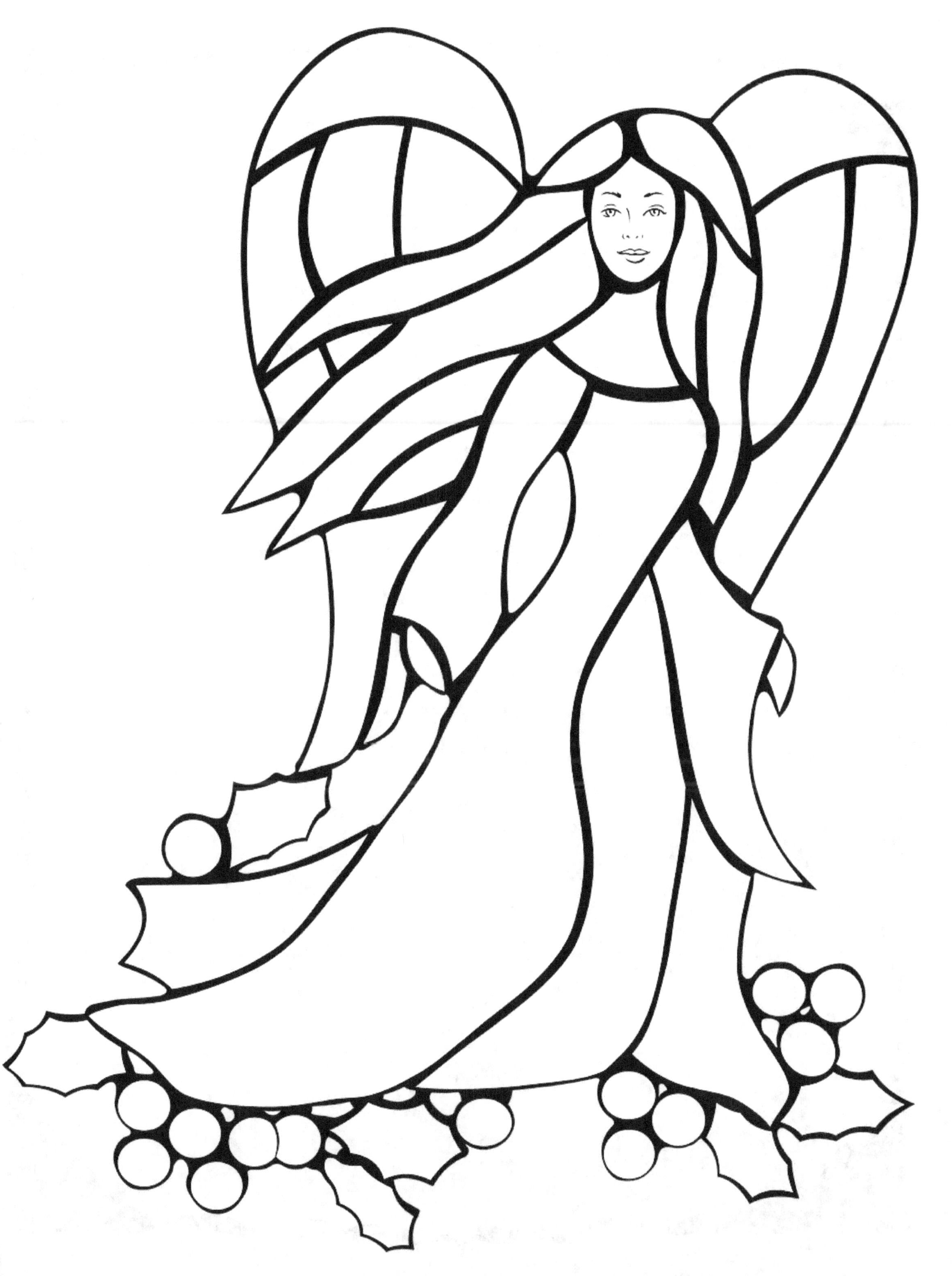

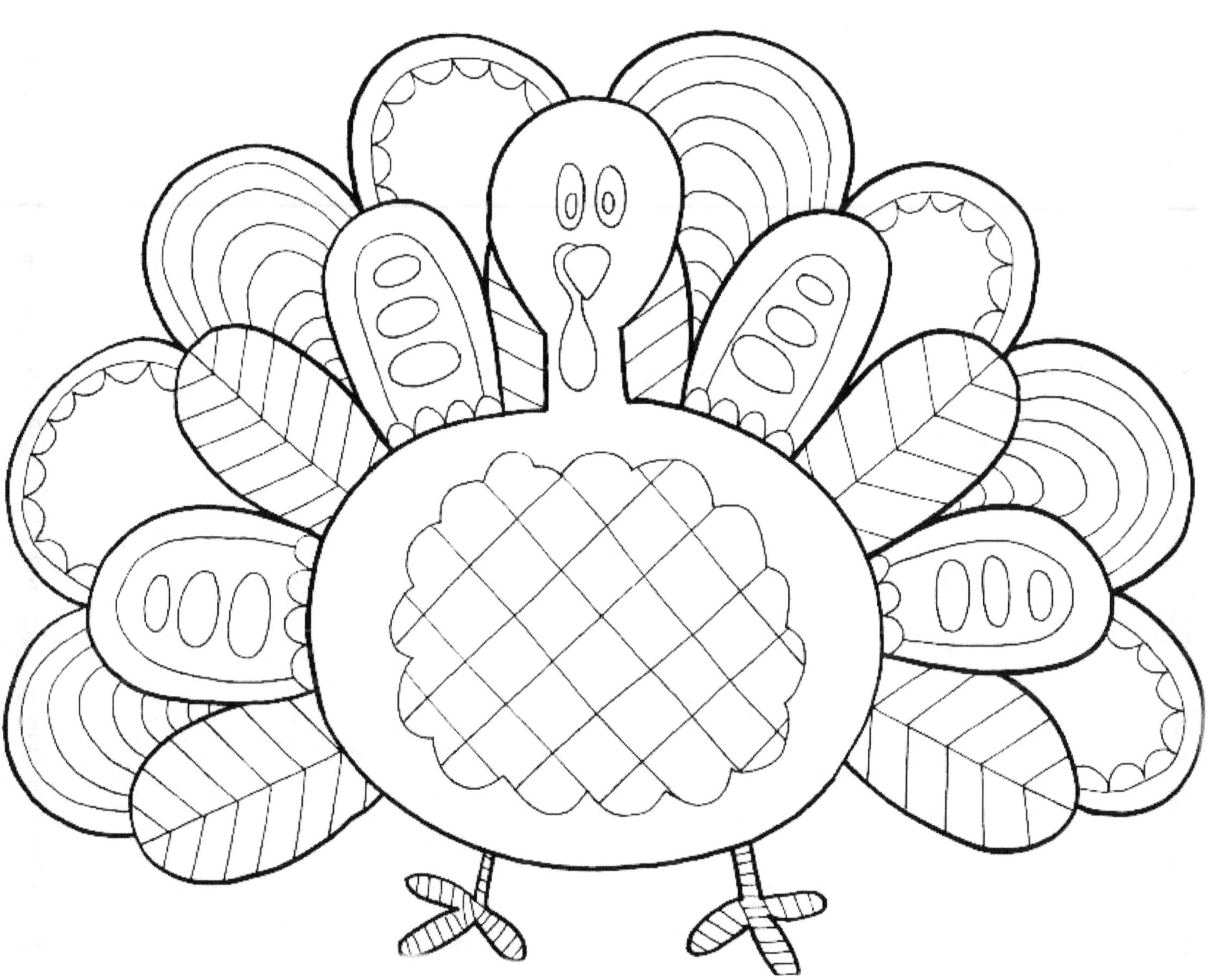

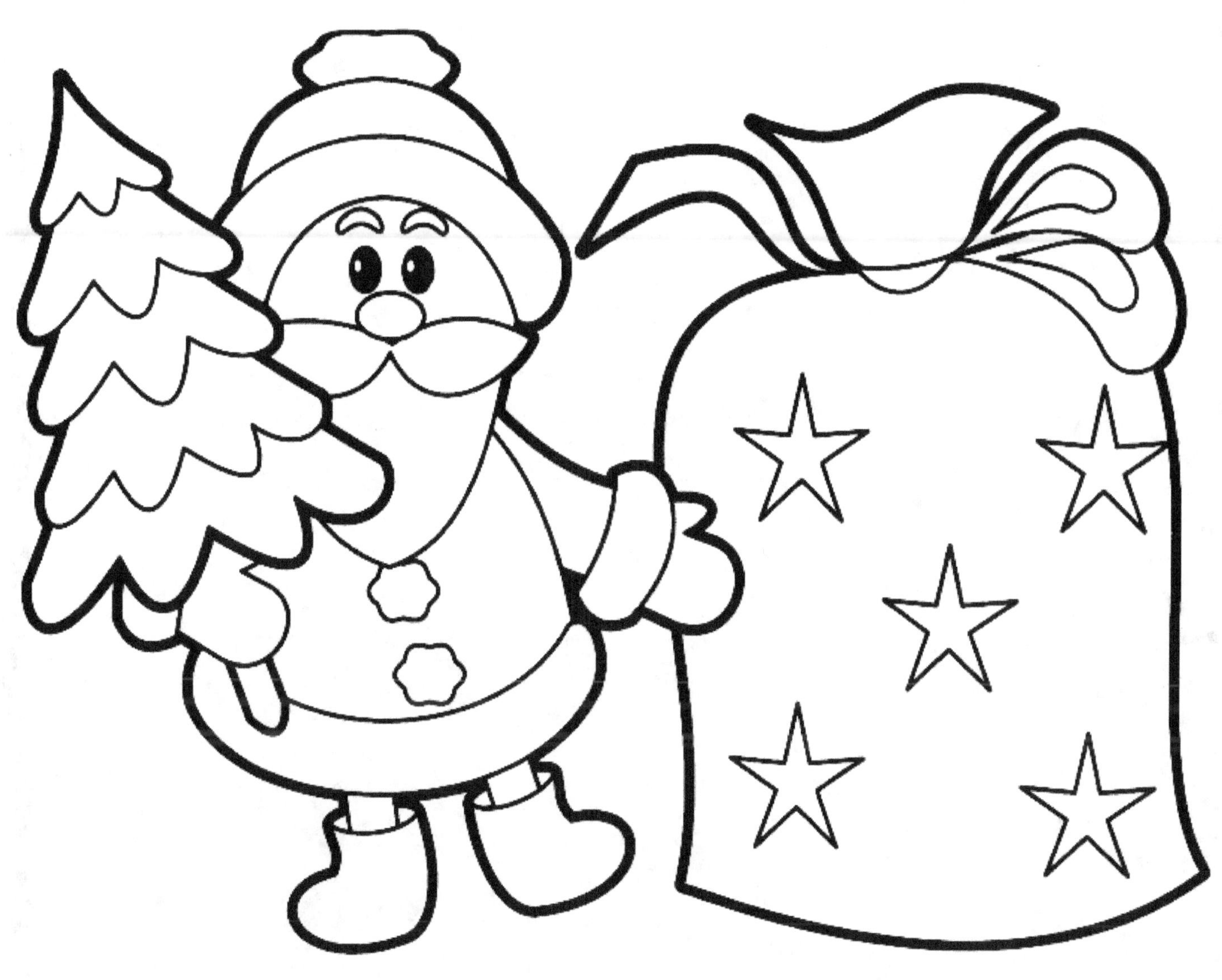

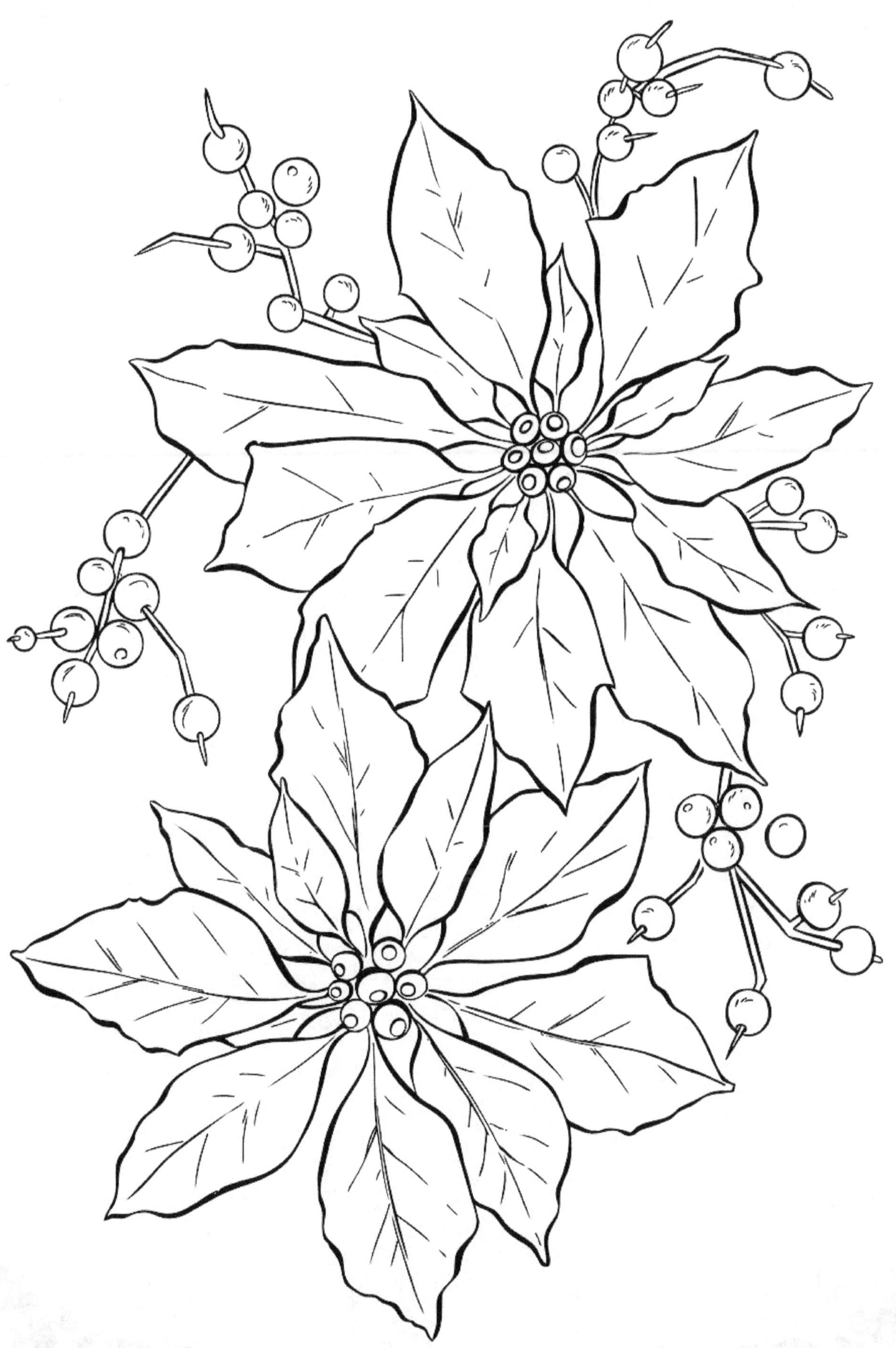

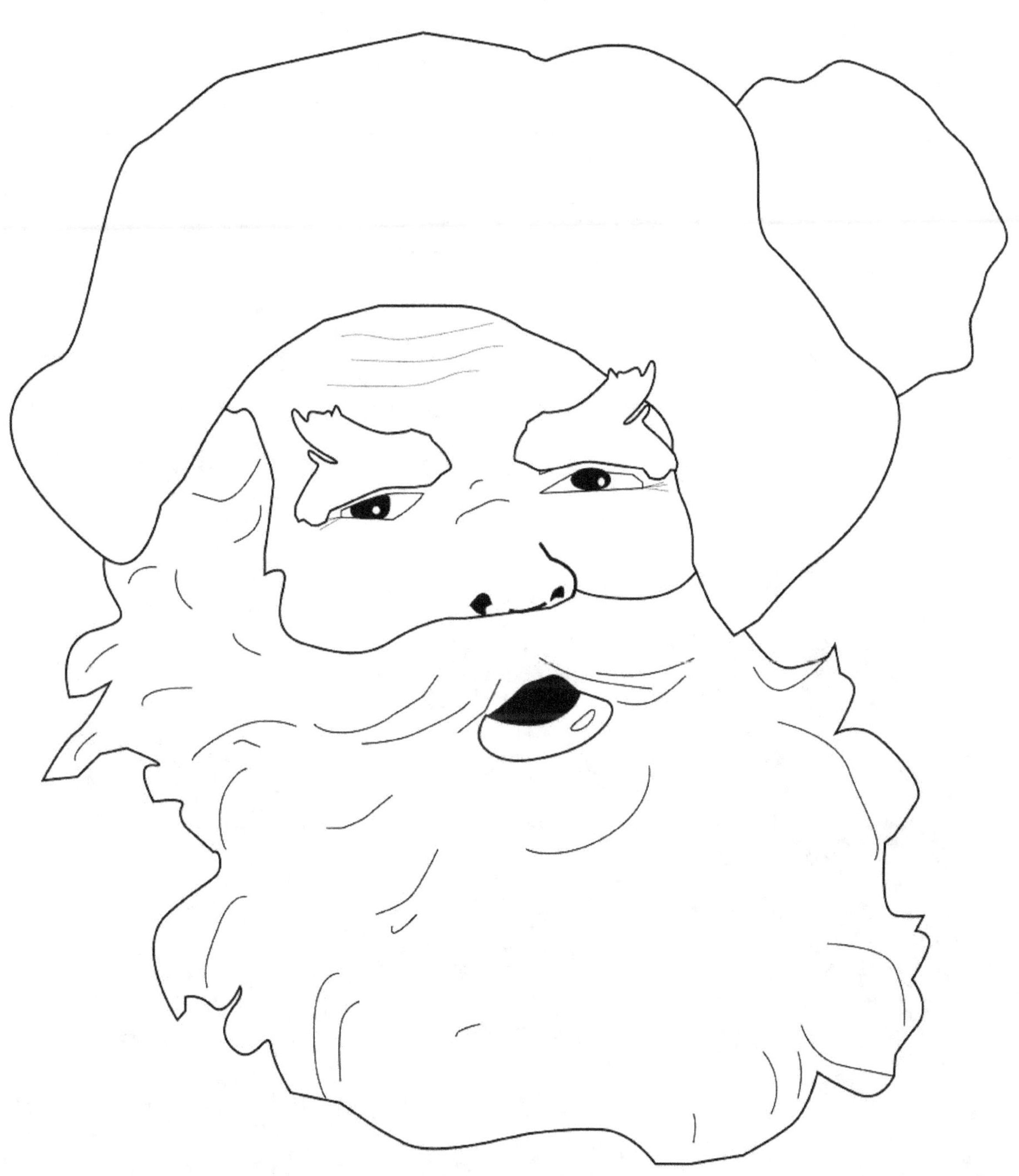

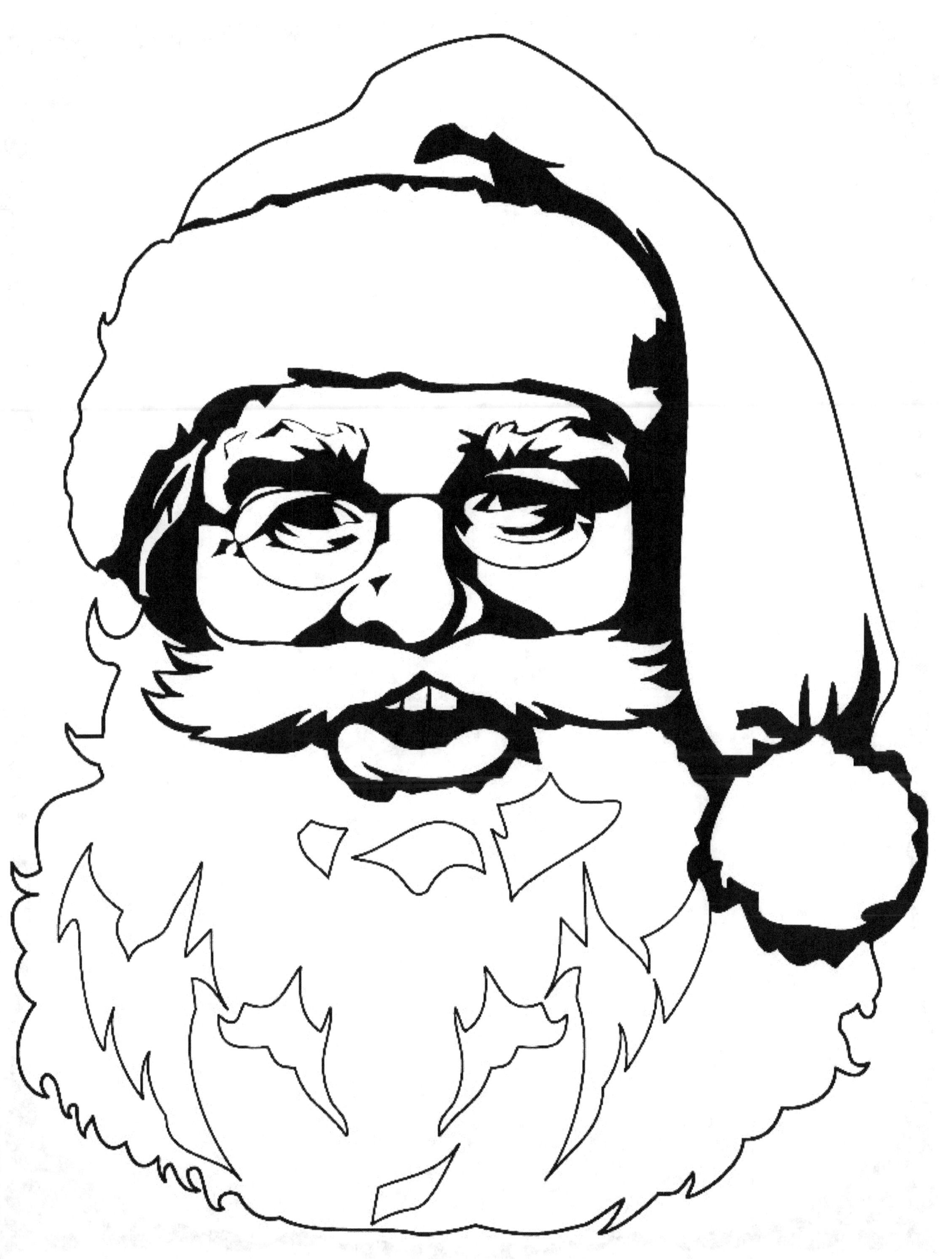

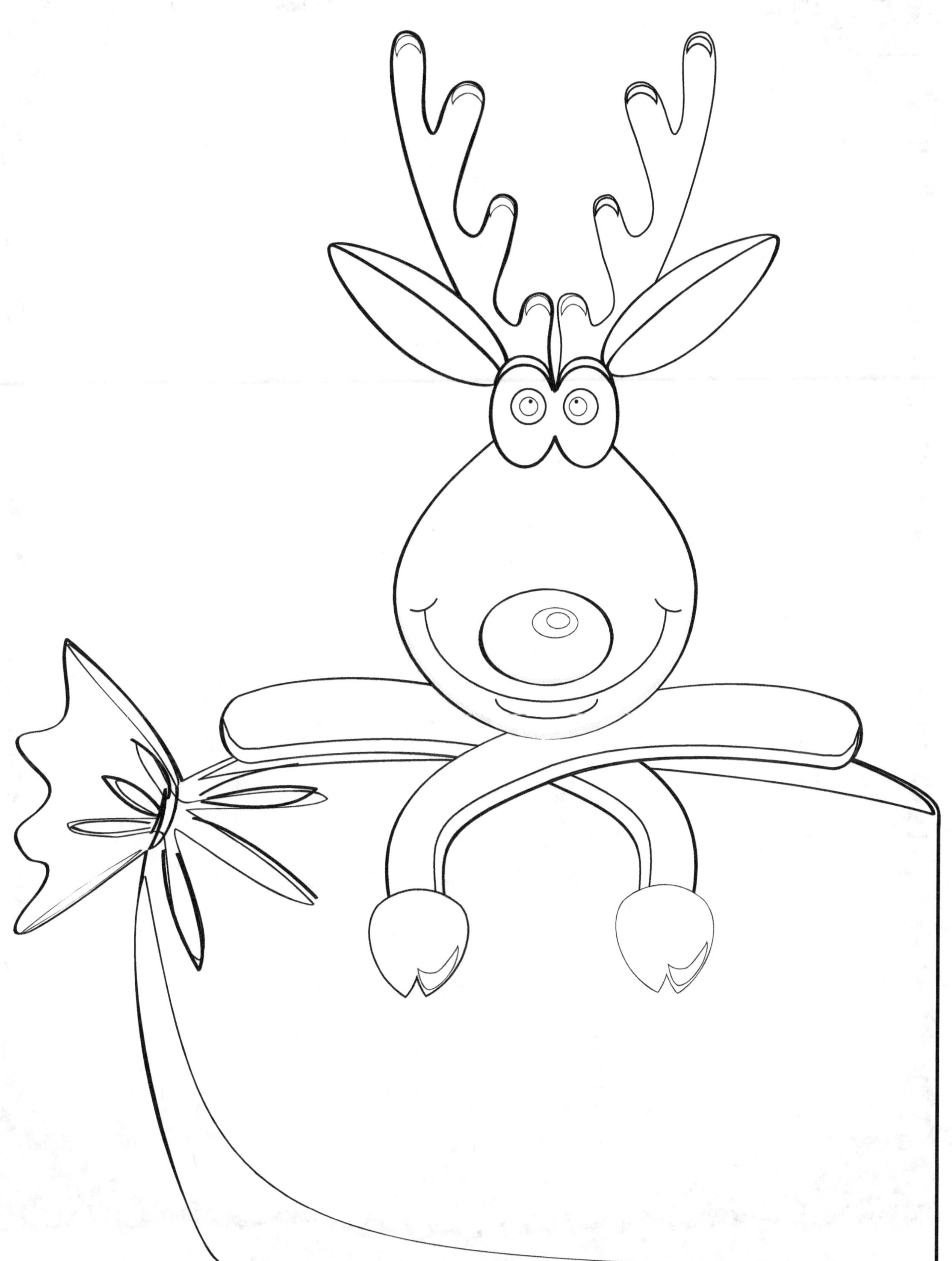

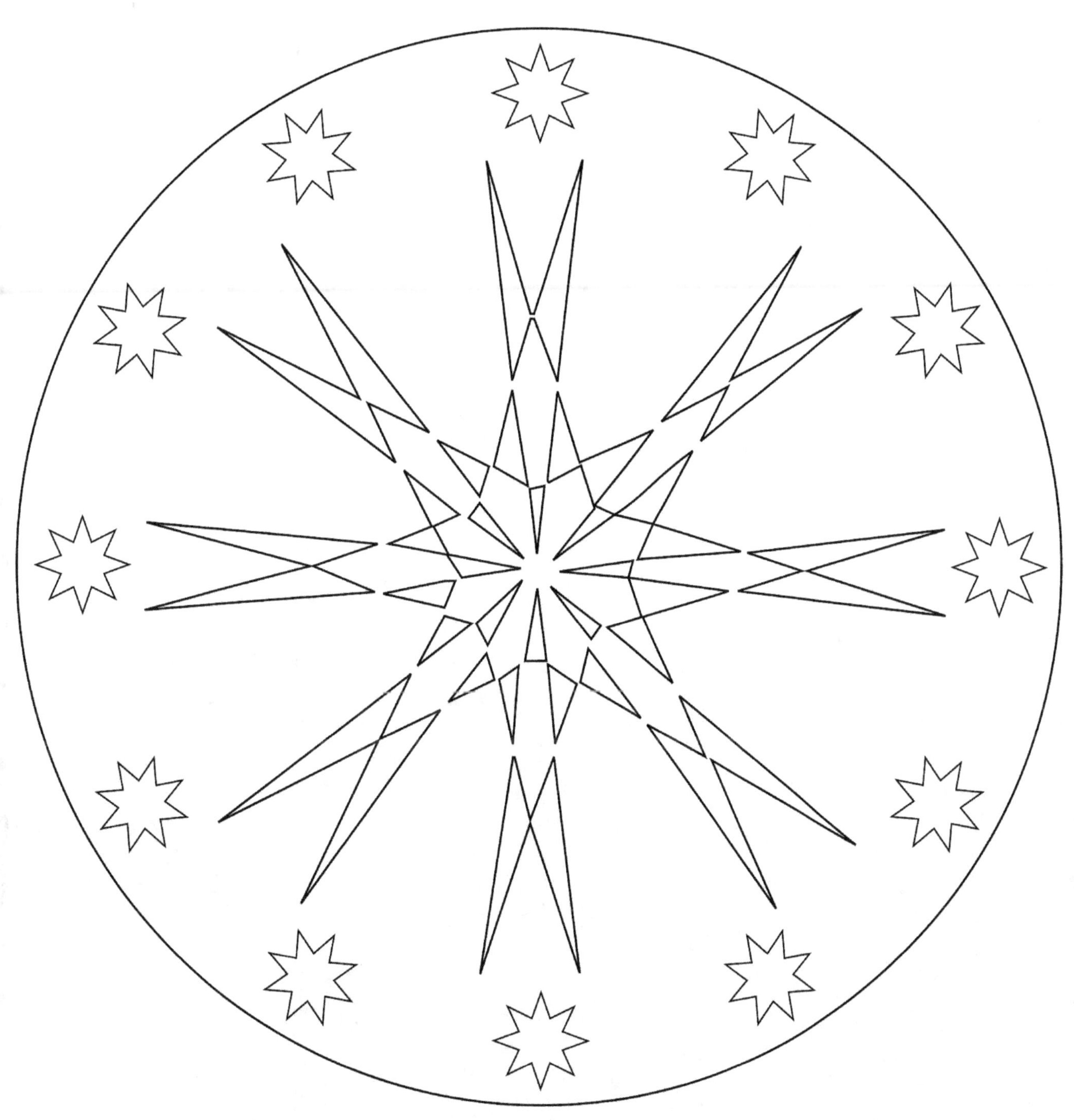

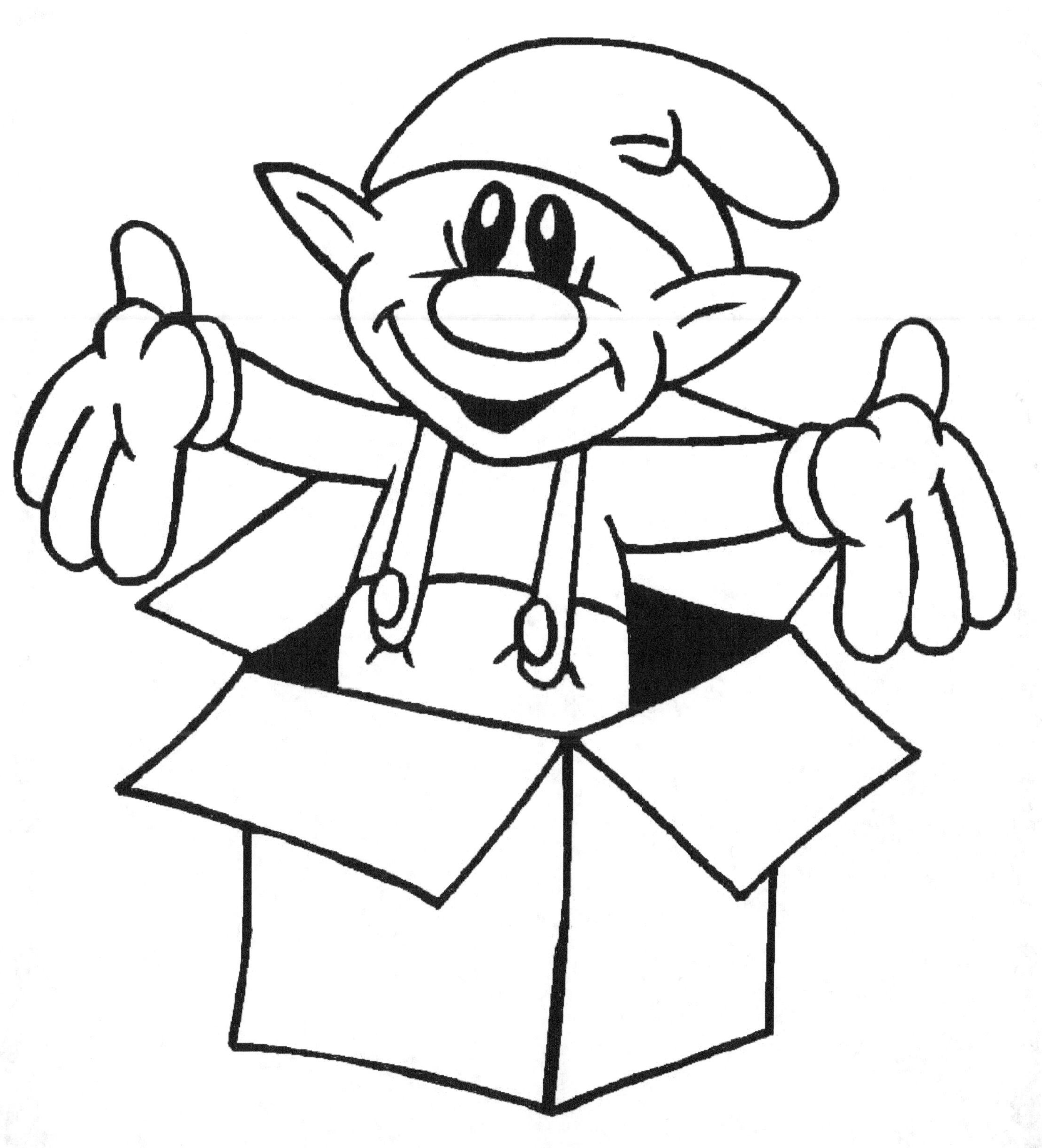

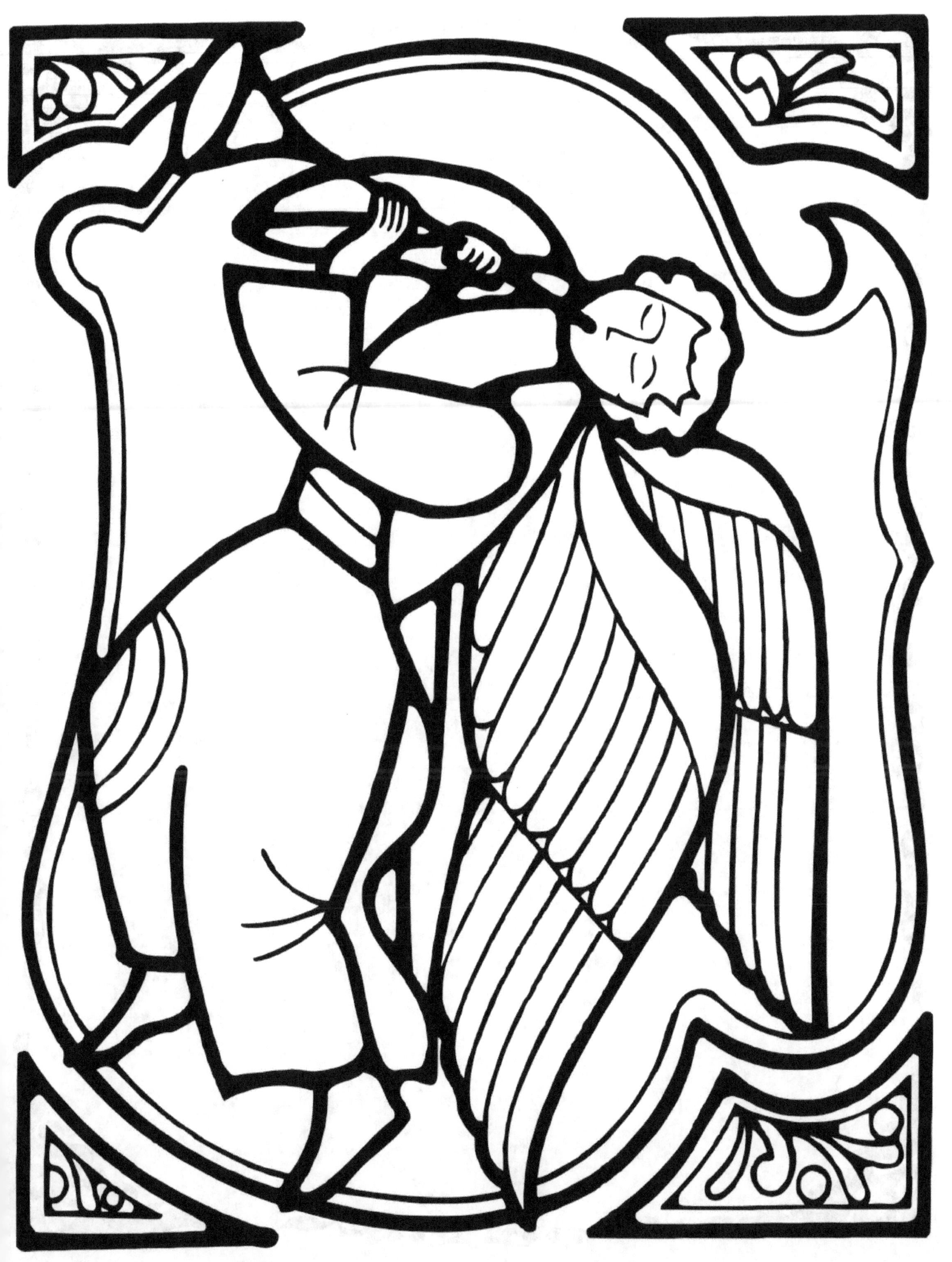

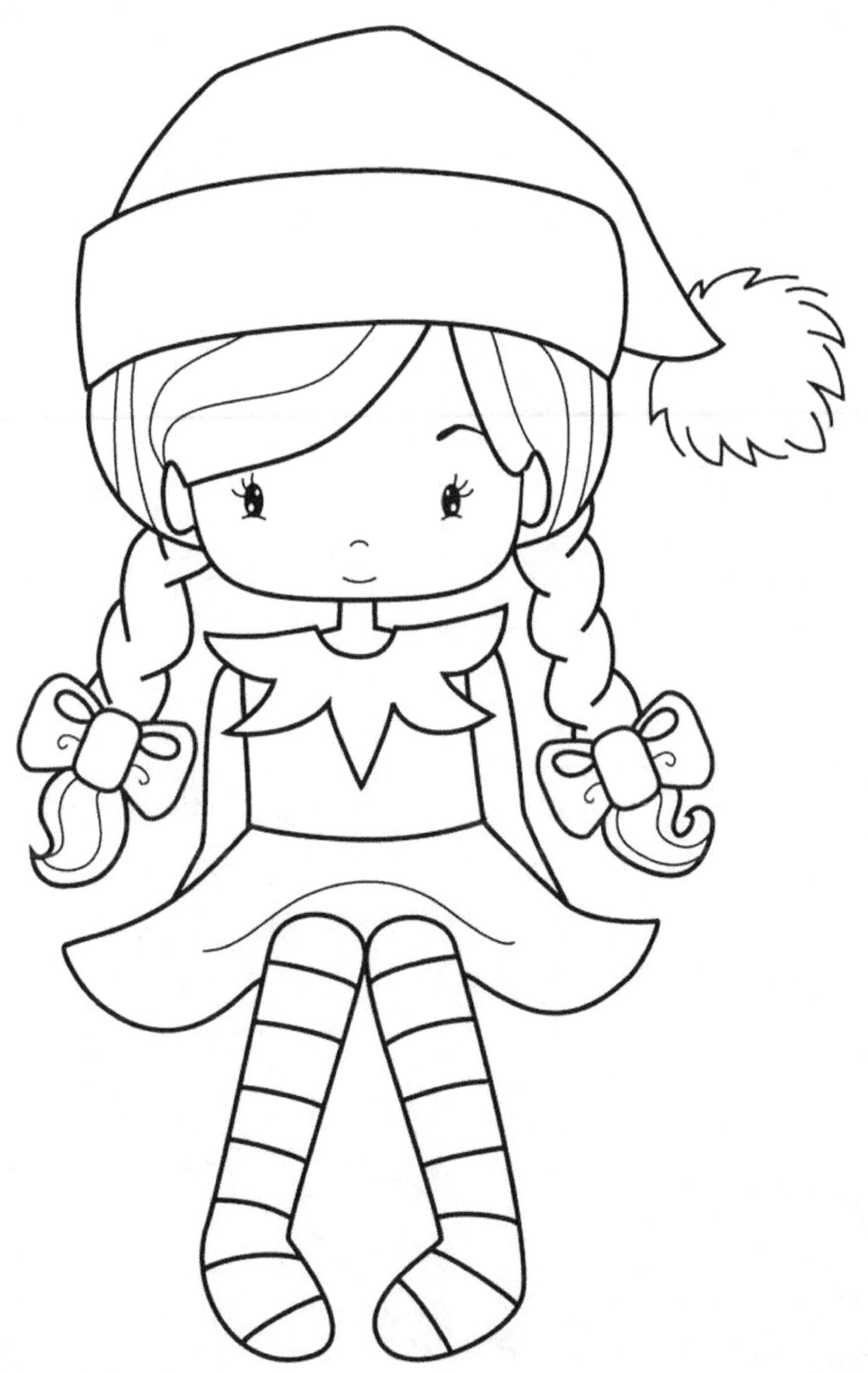

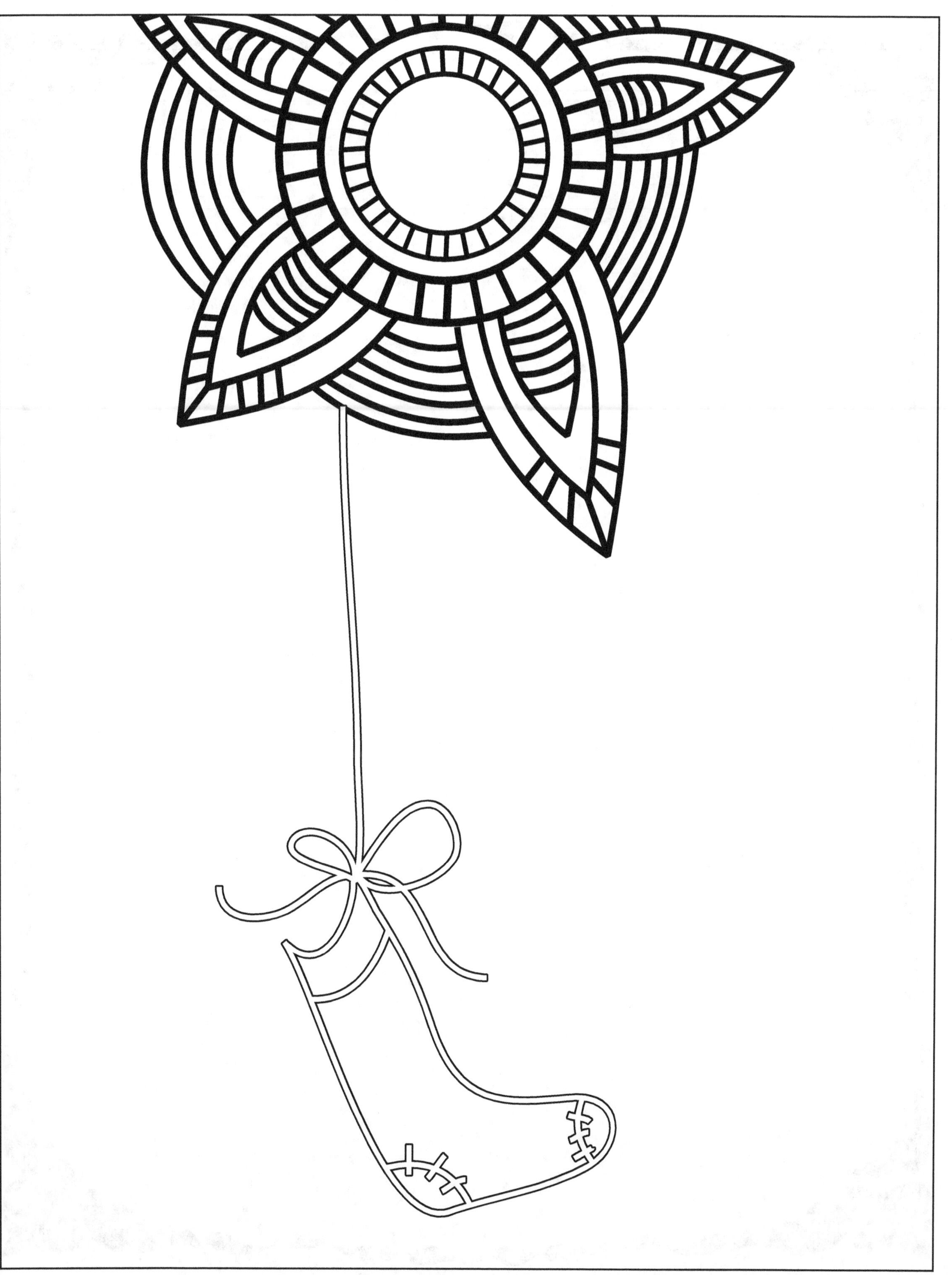

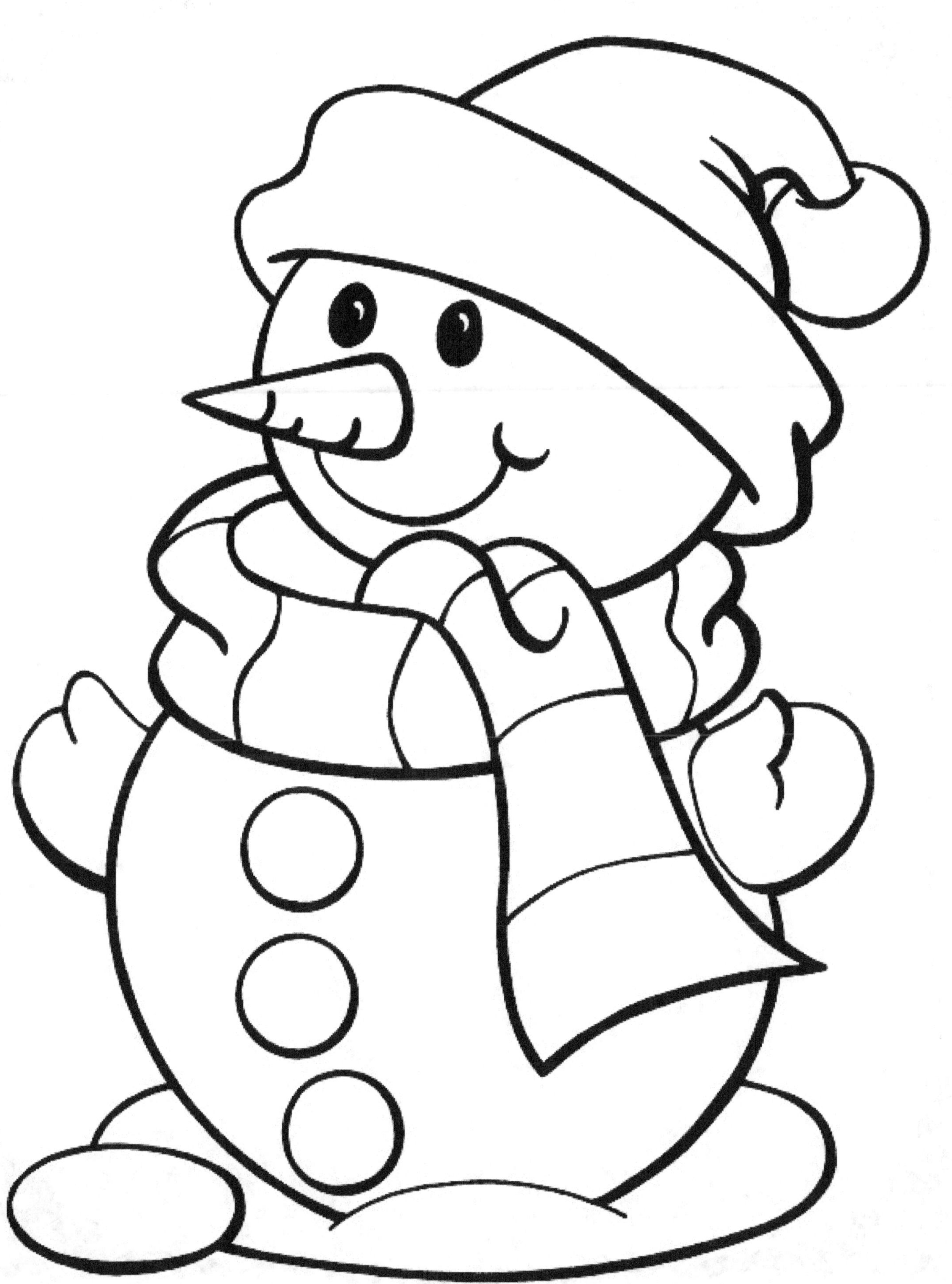

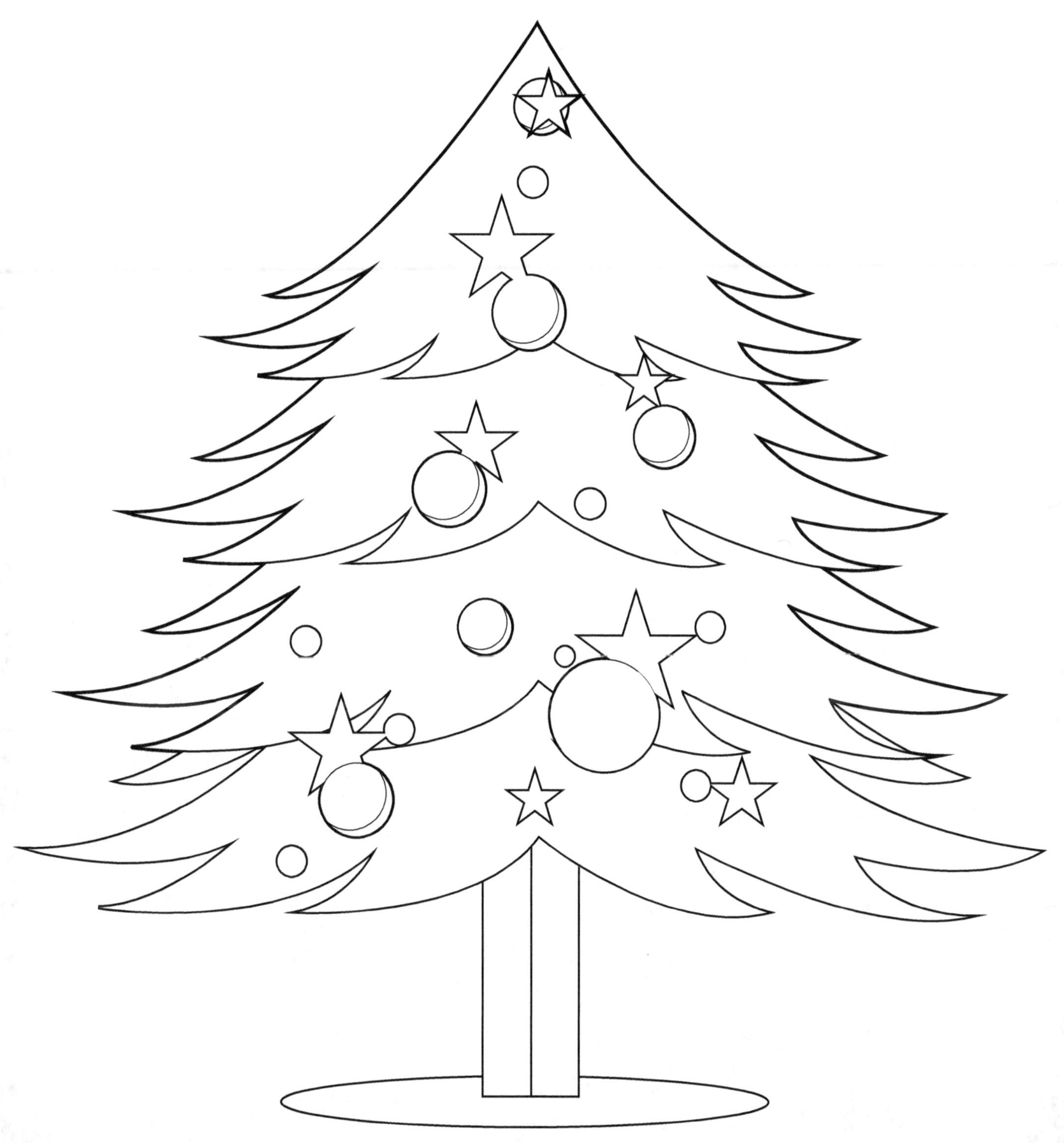

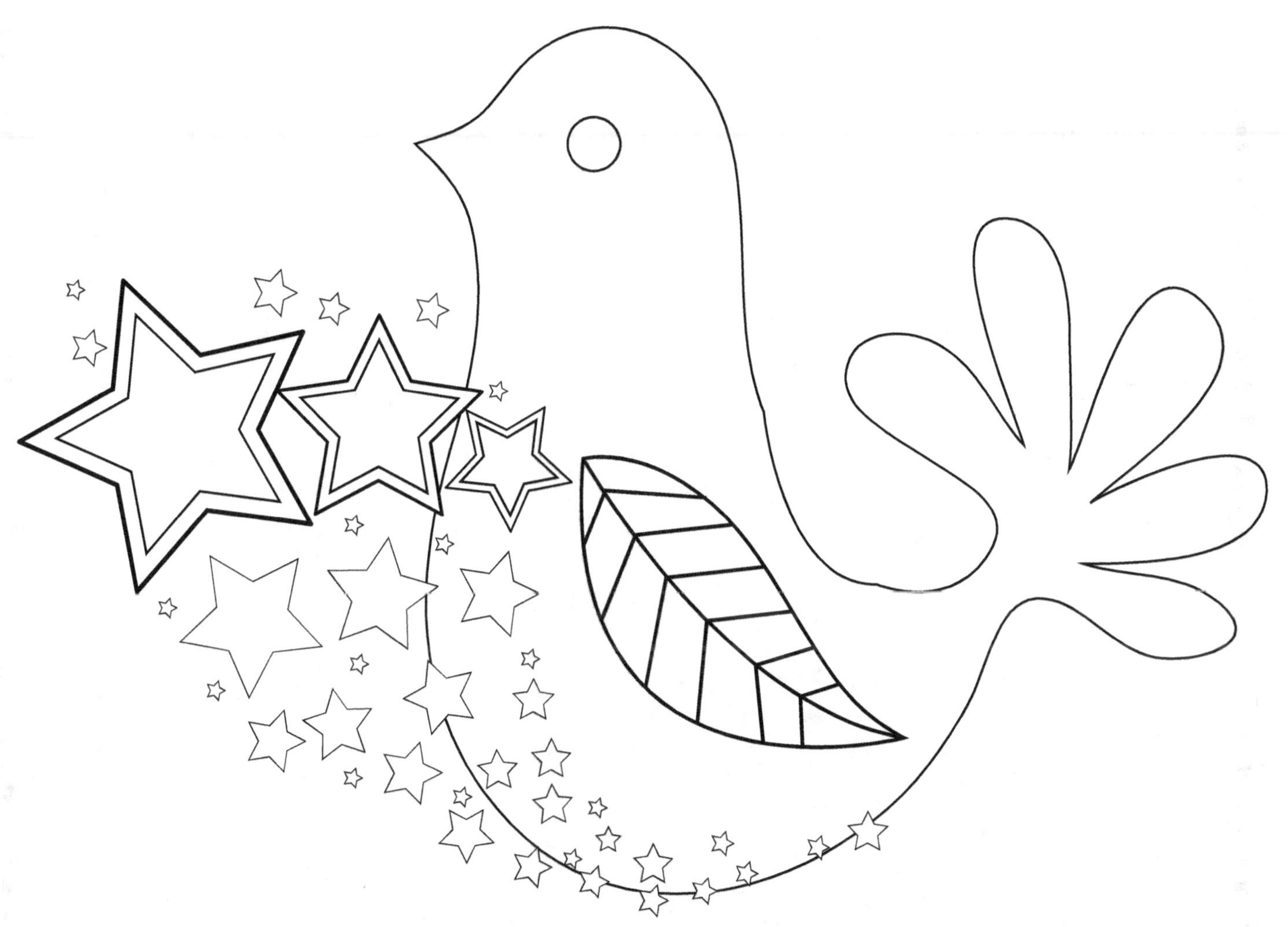

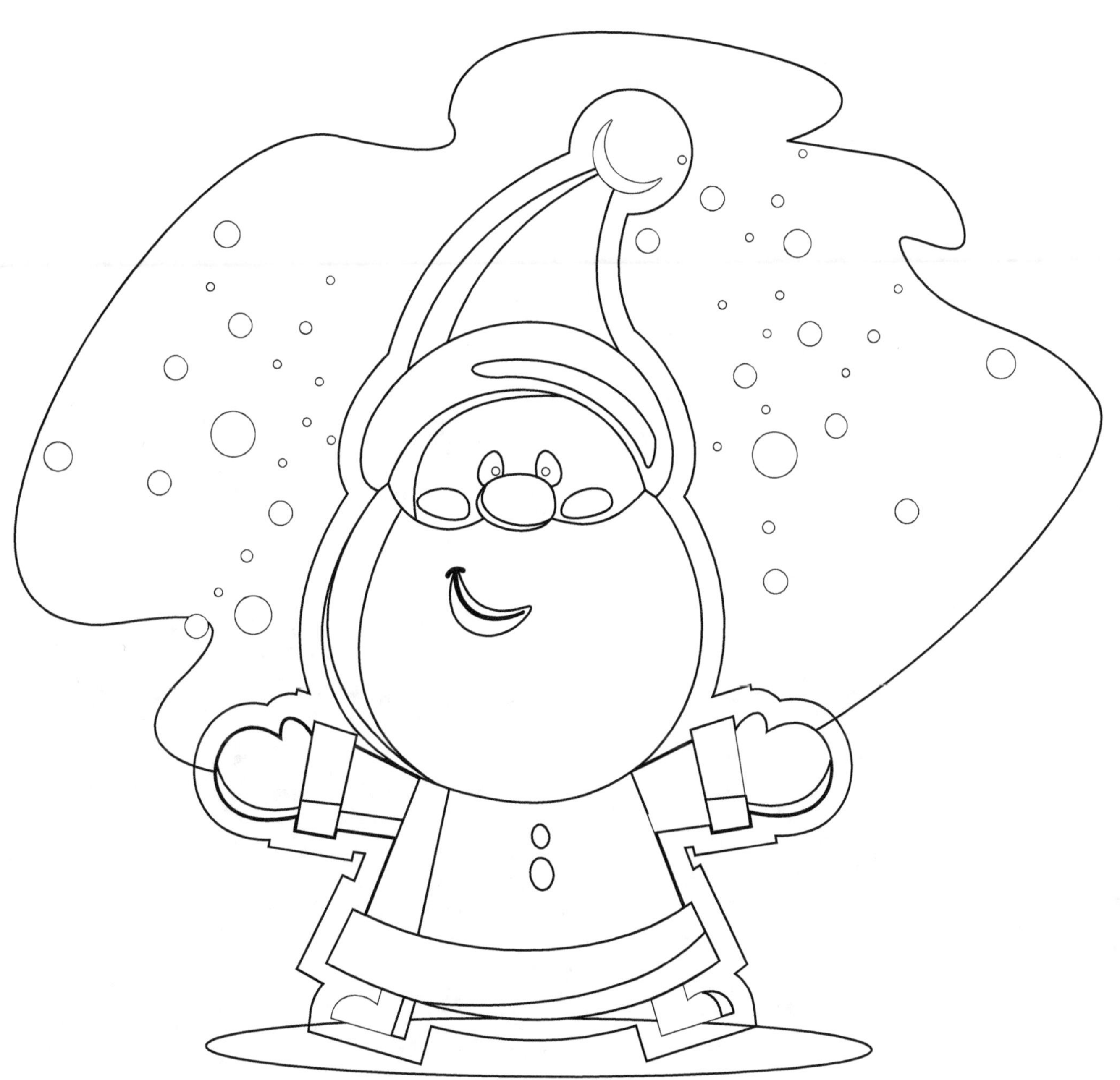

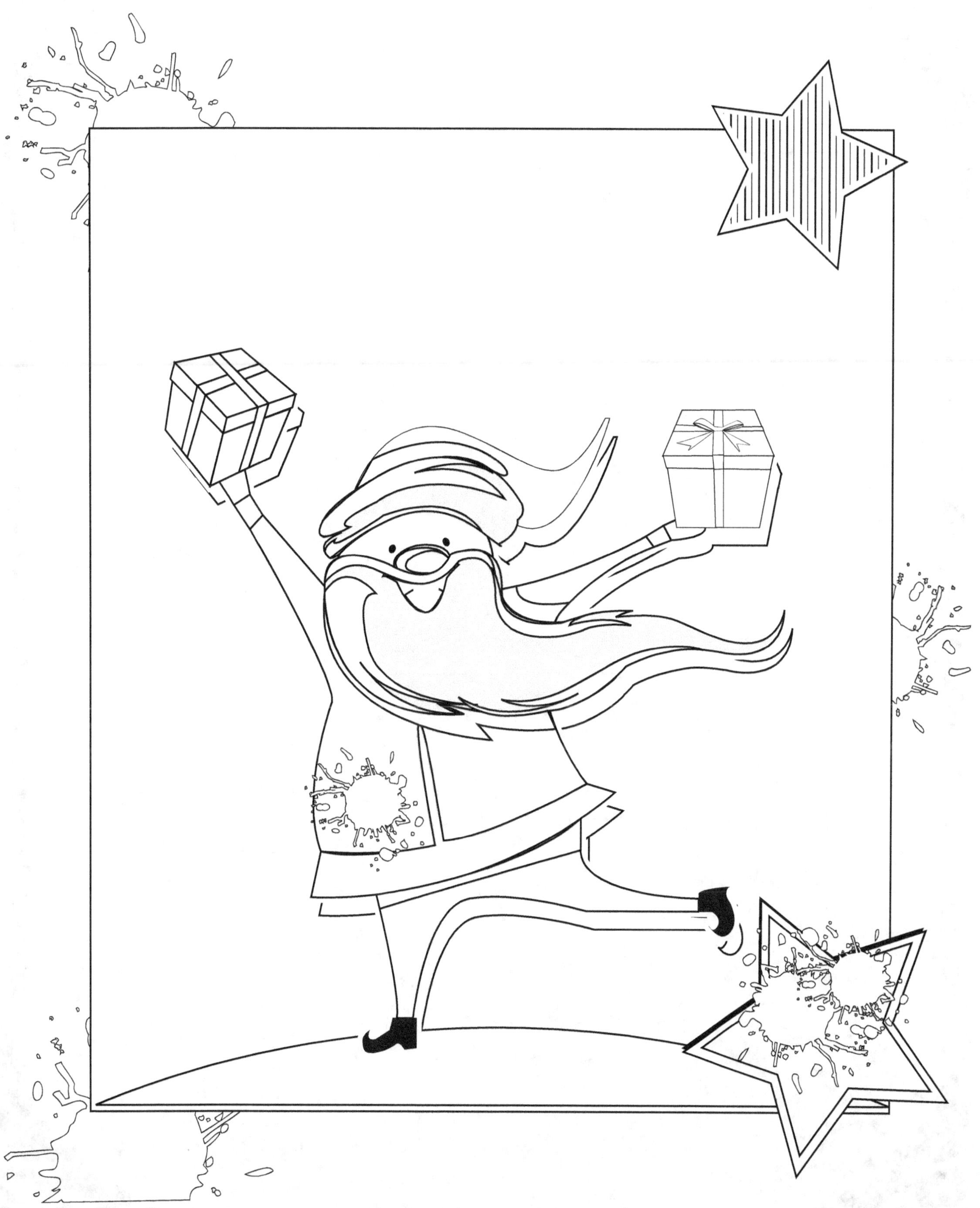

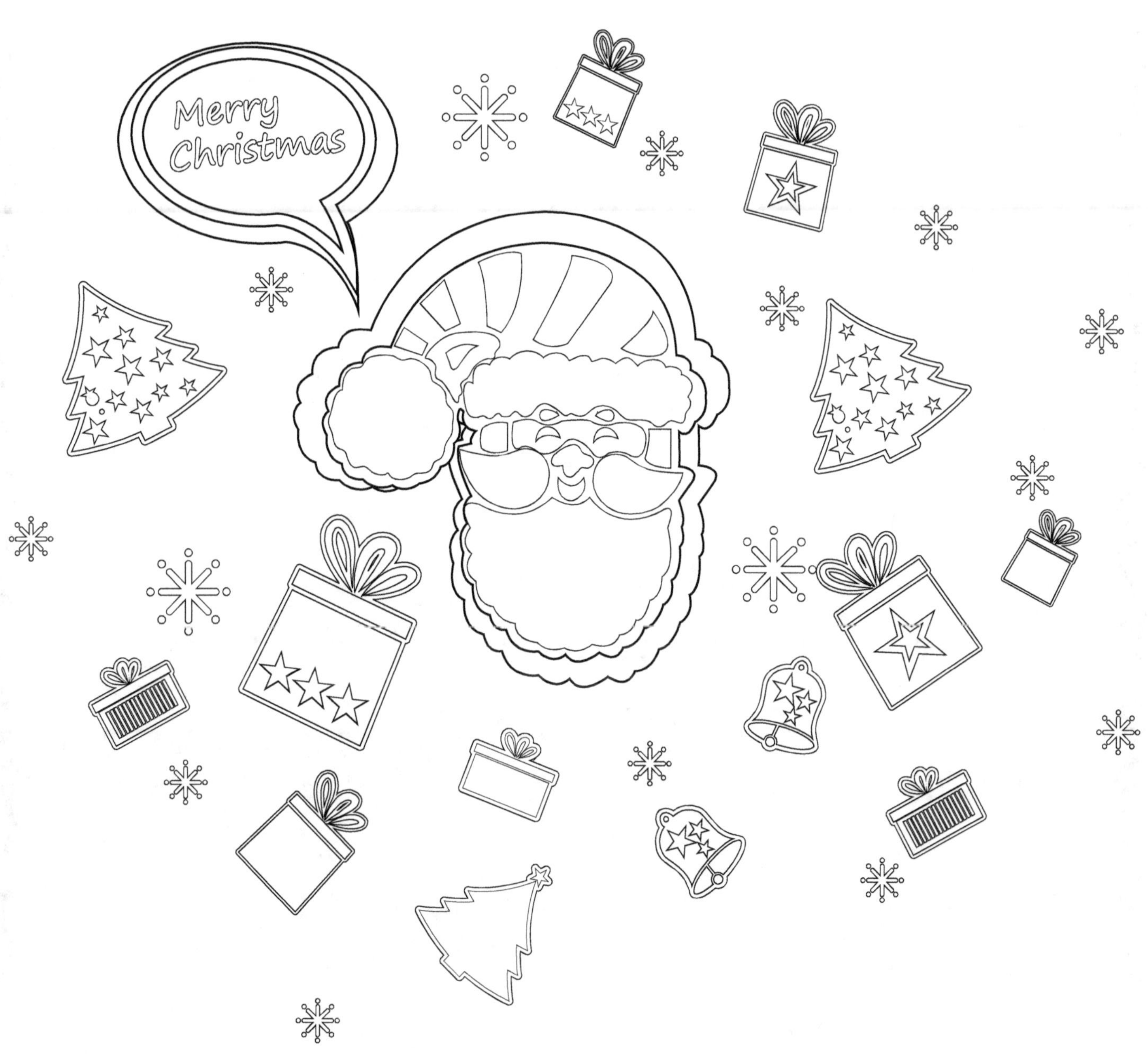
Merry
Christmas

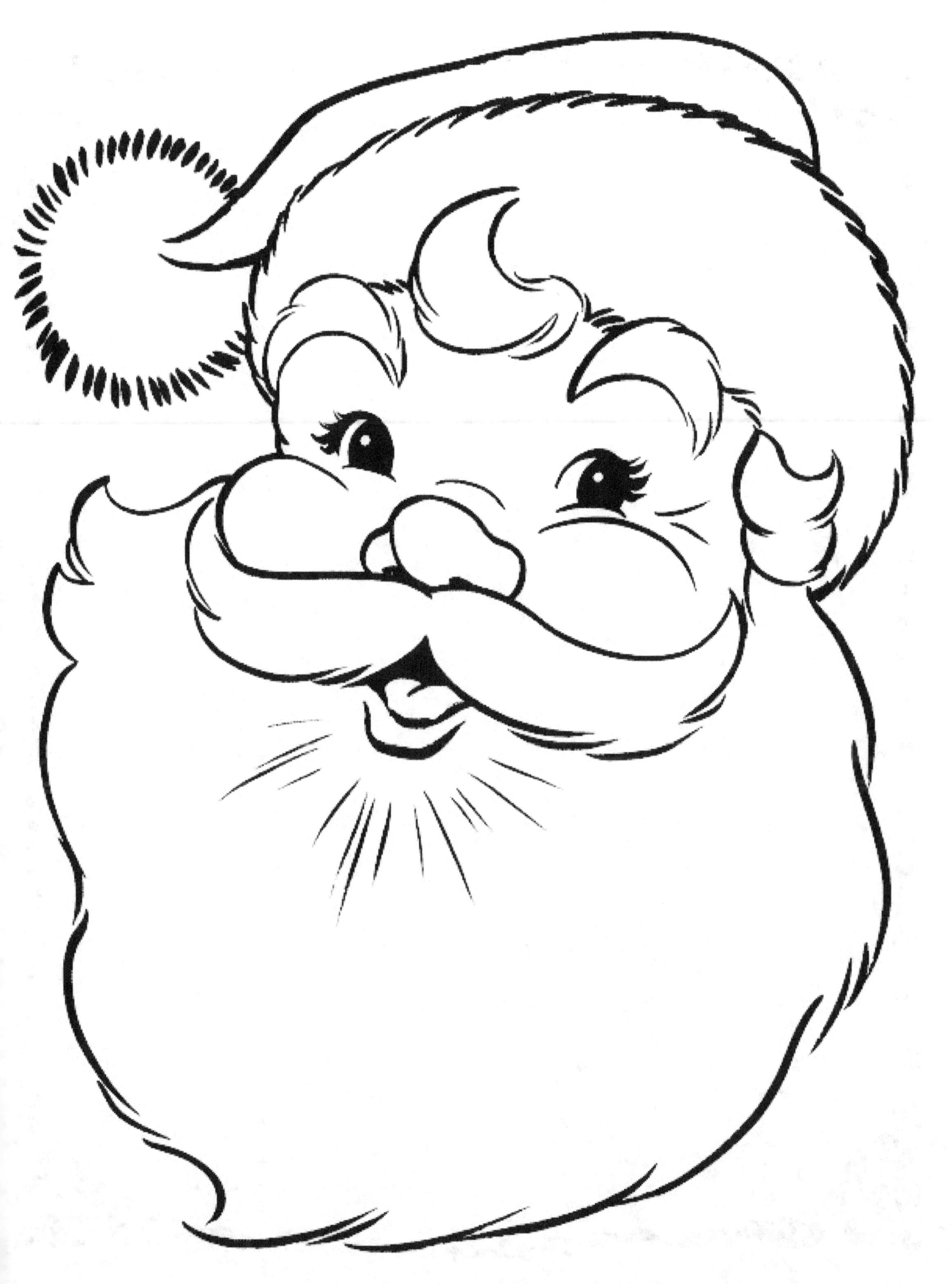

Merry Christmas

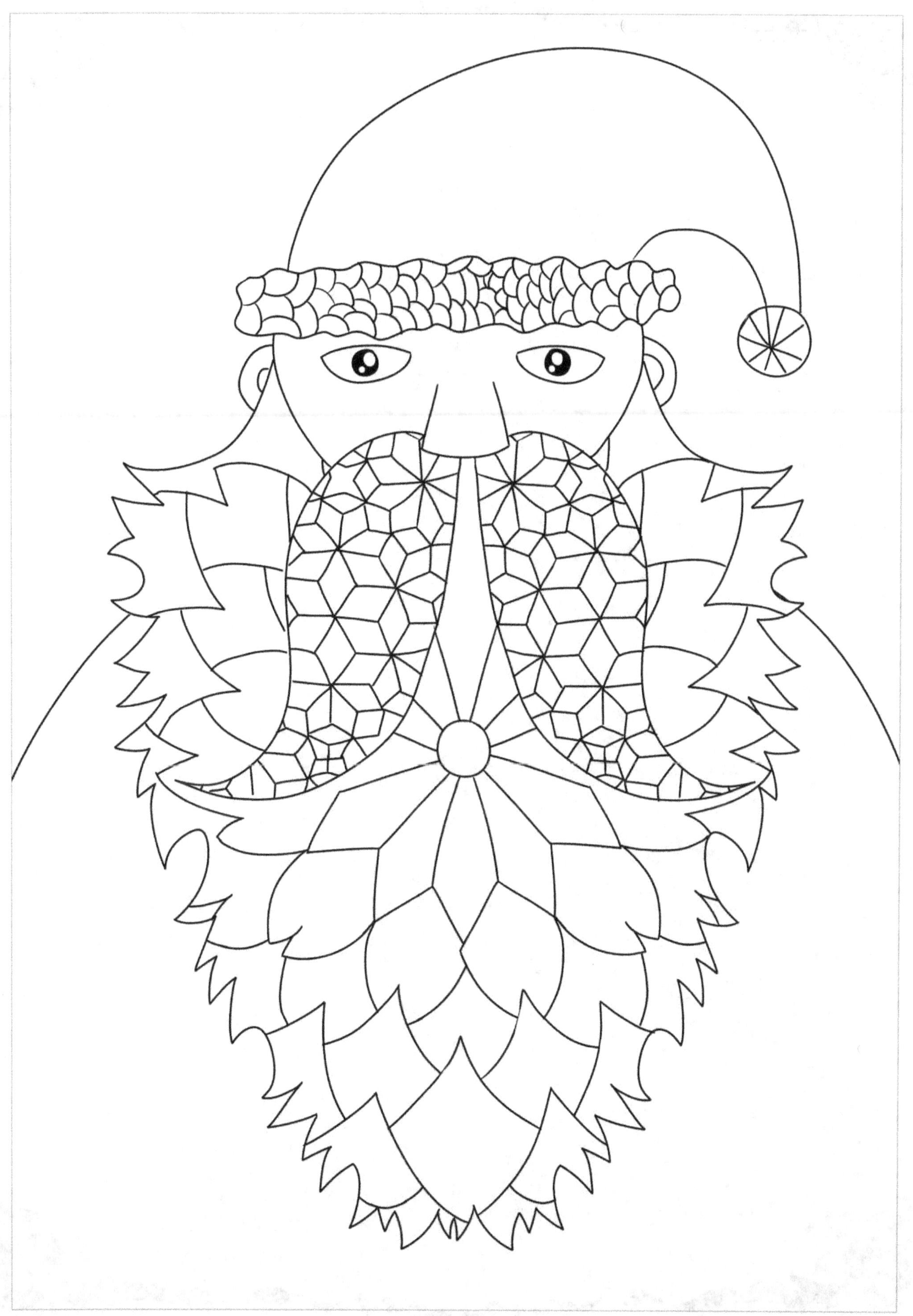

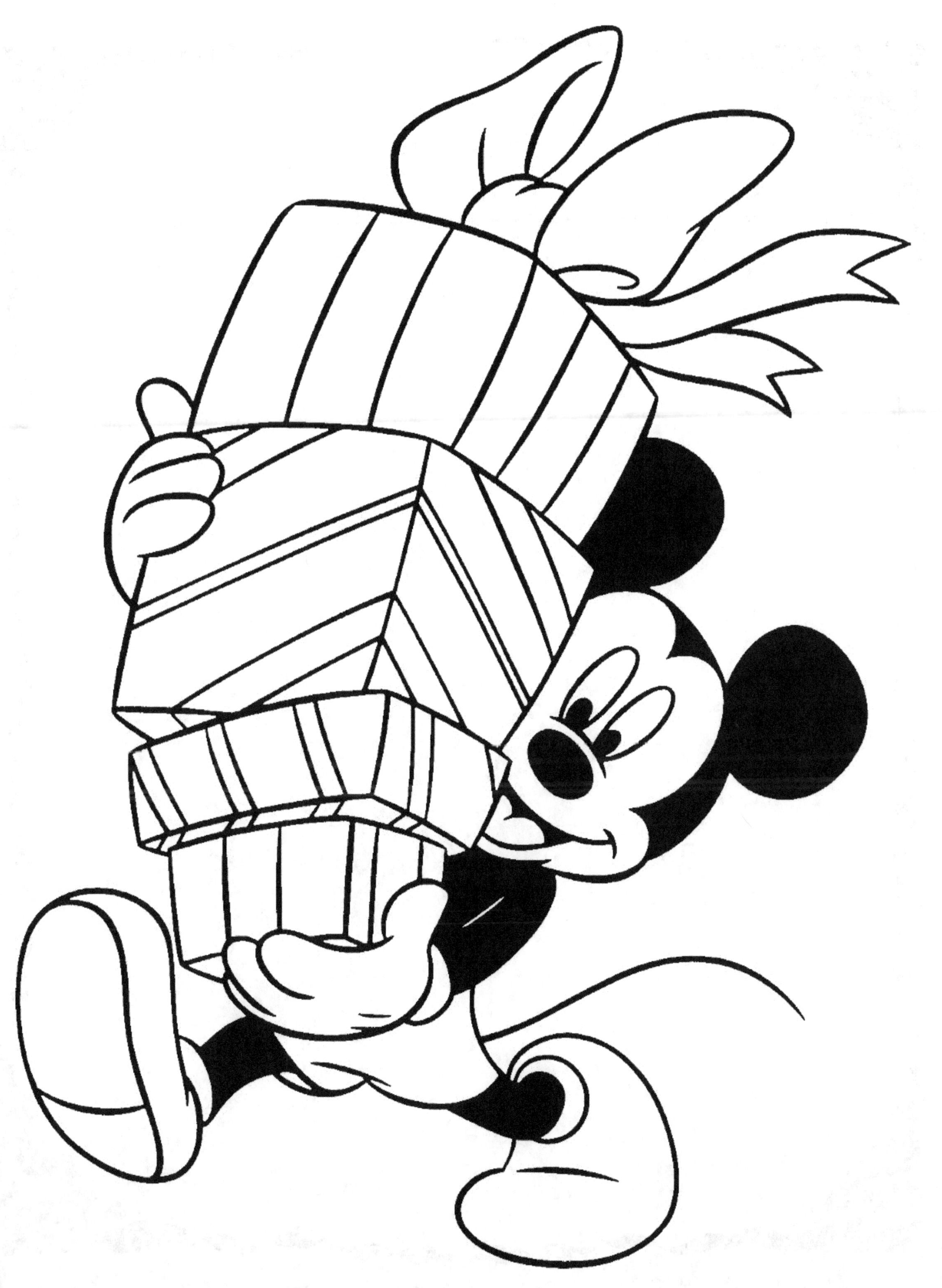

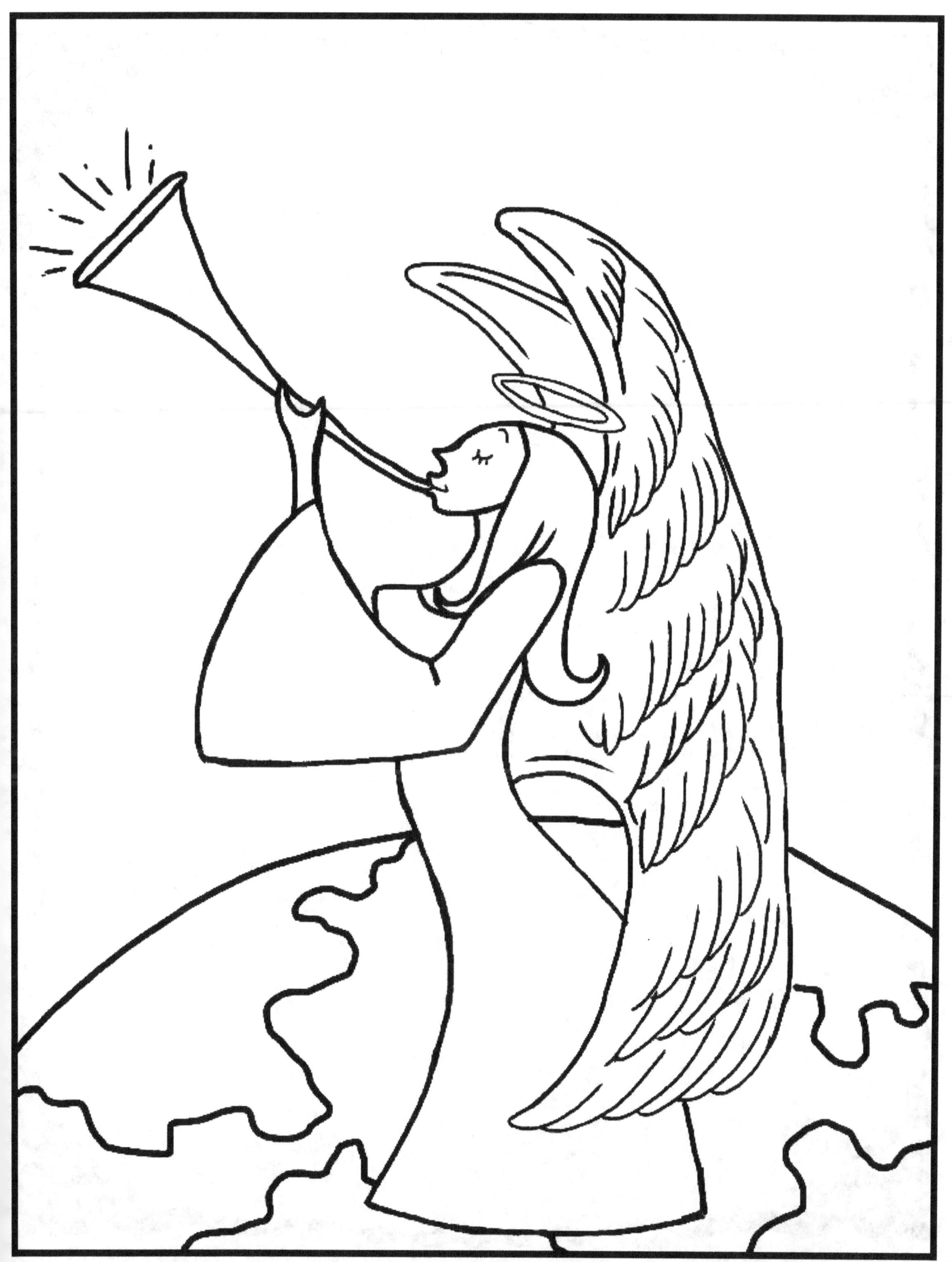

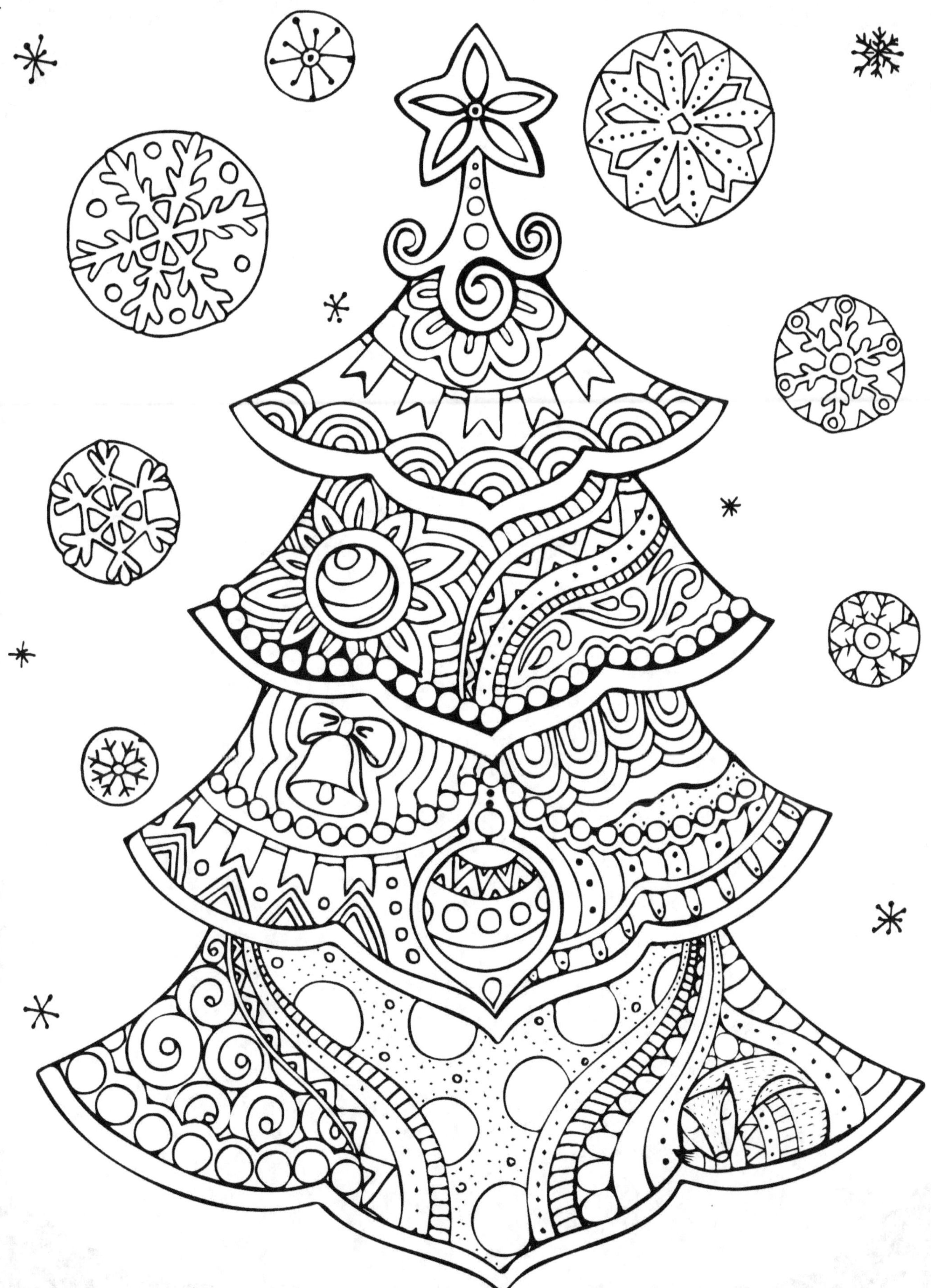

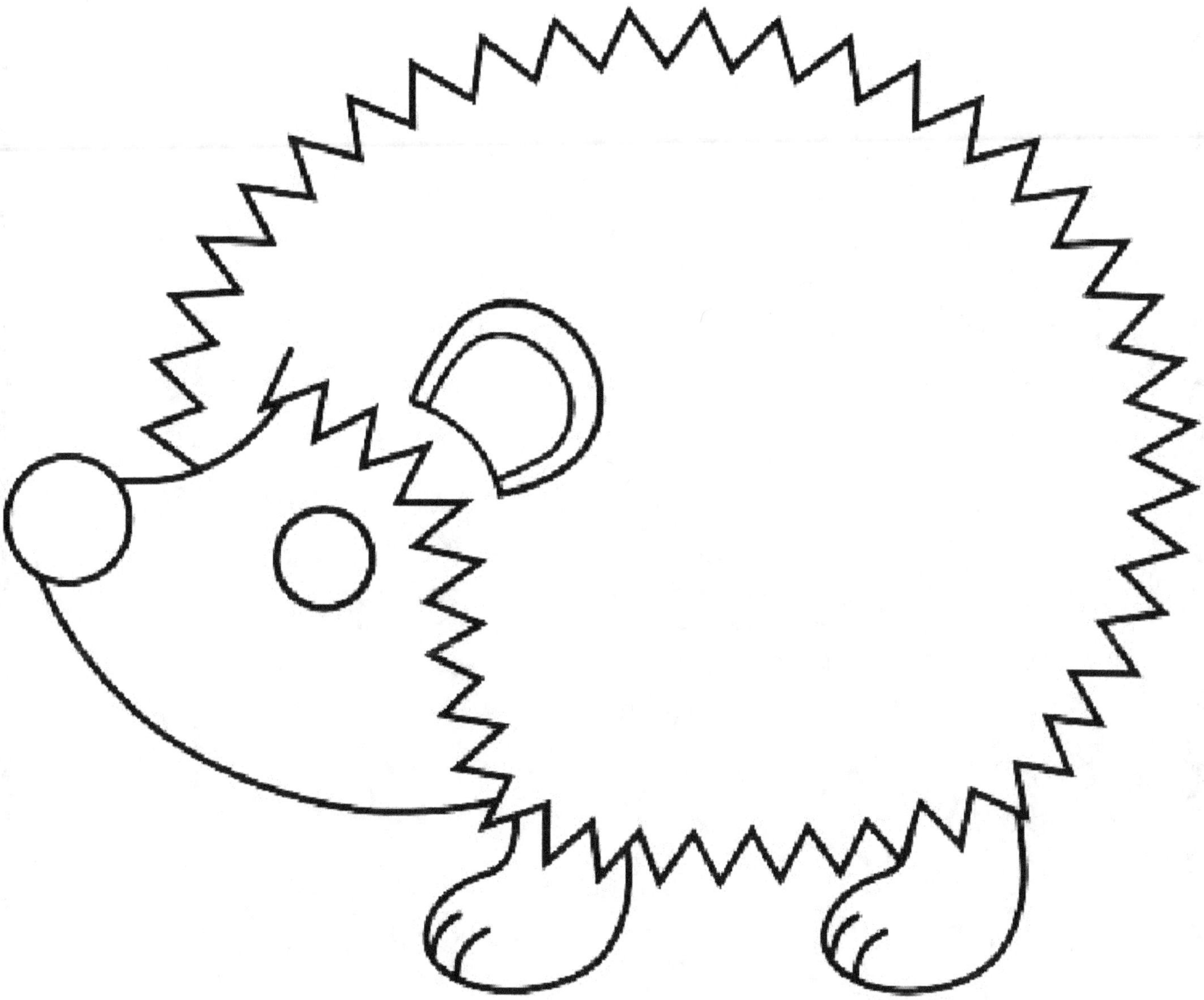

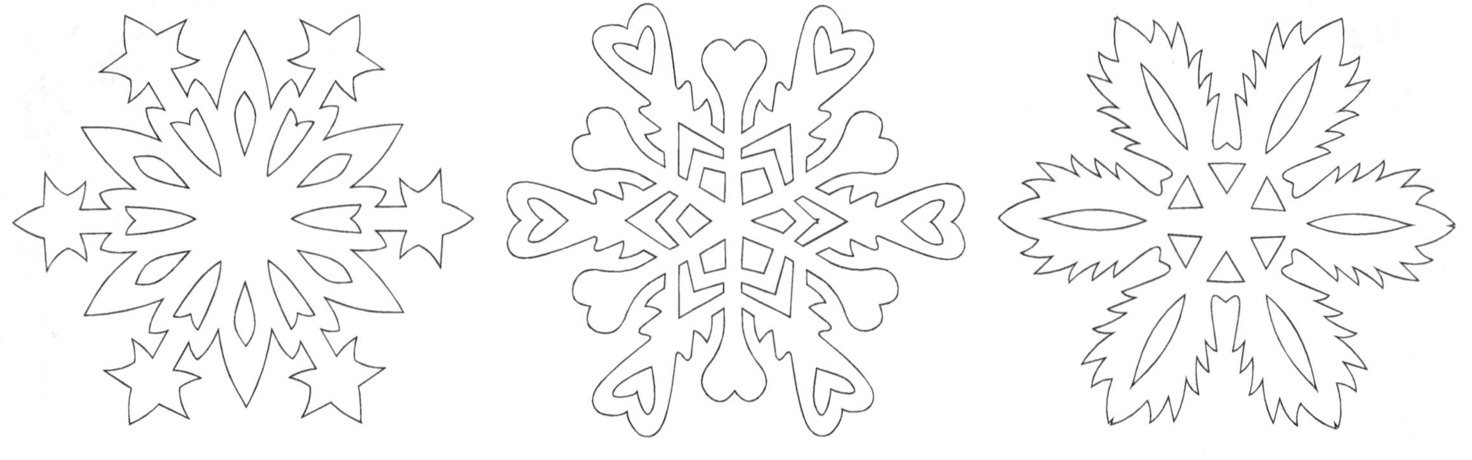

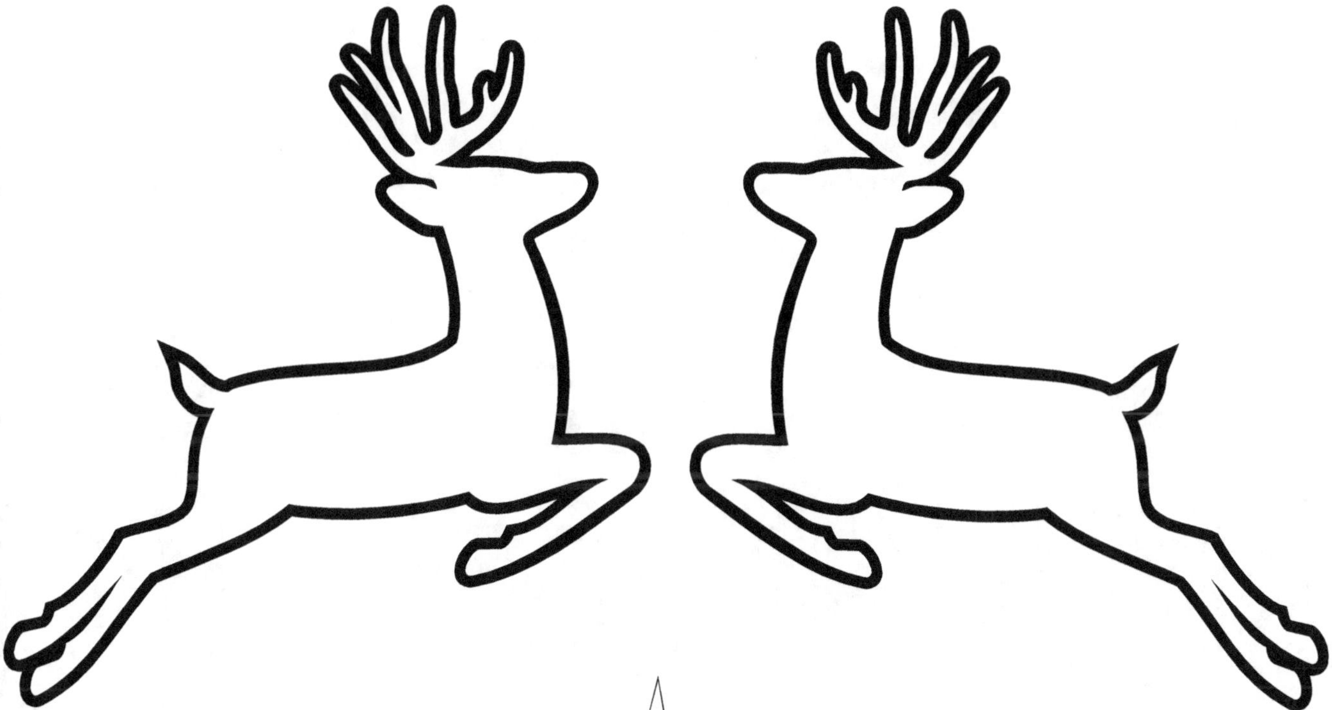

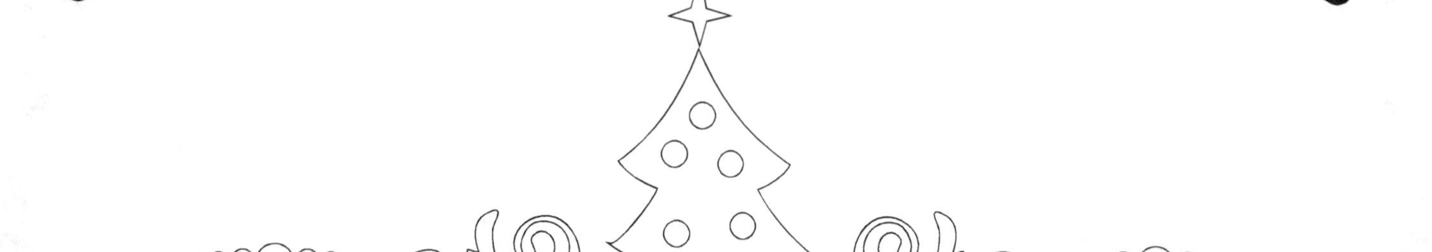

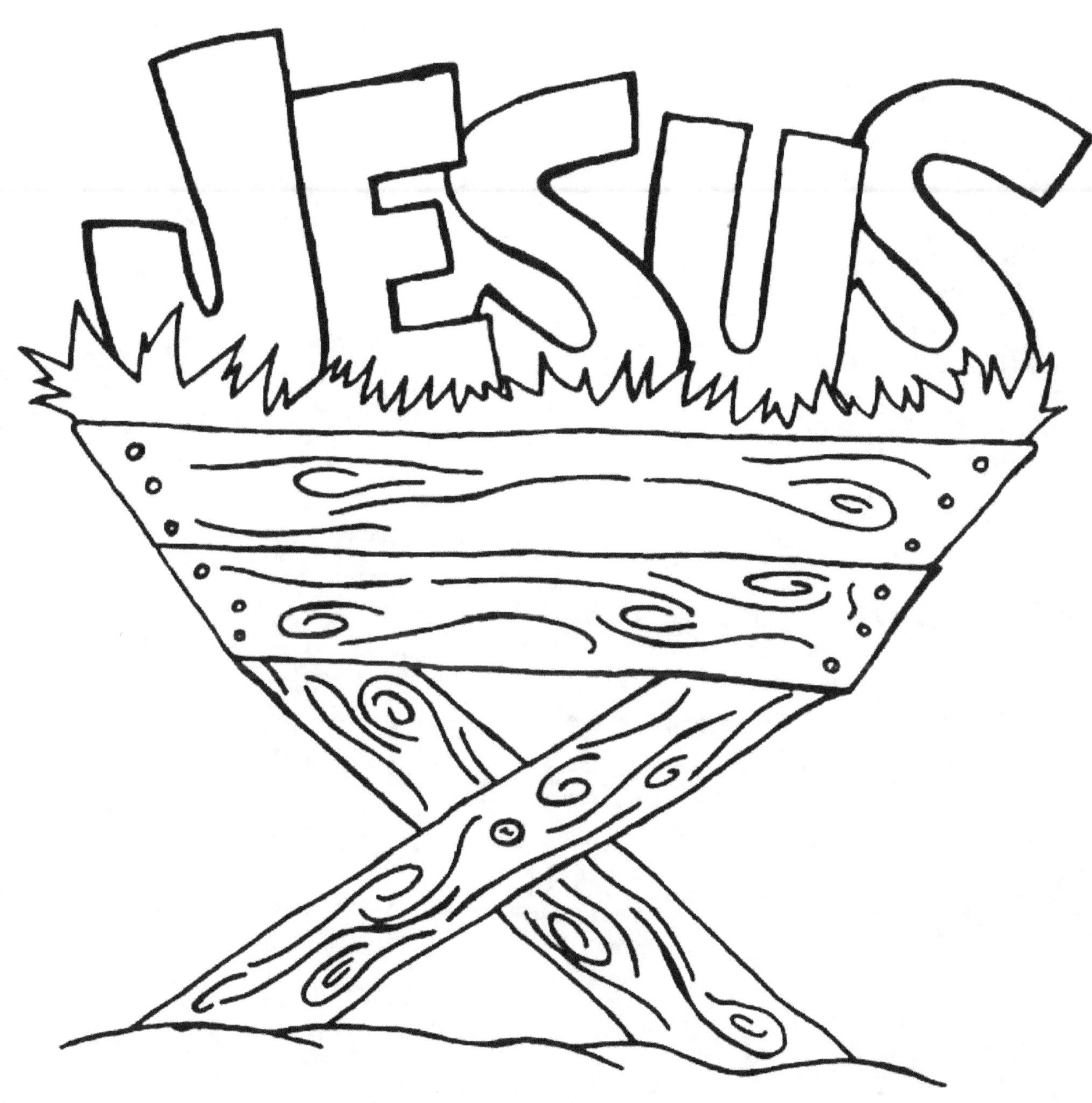
JESUS

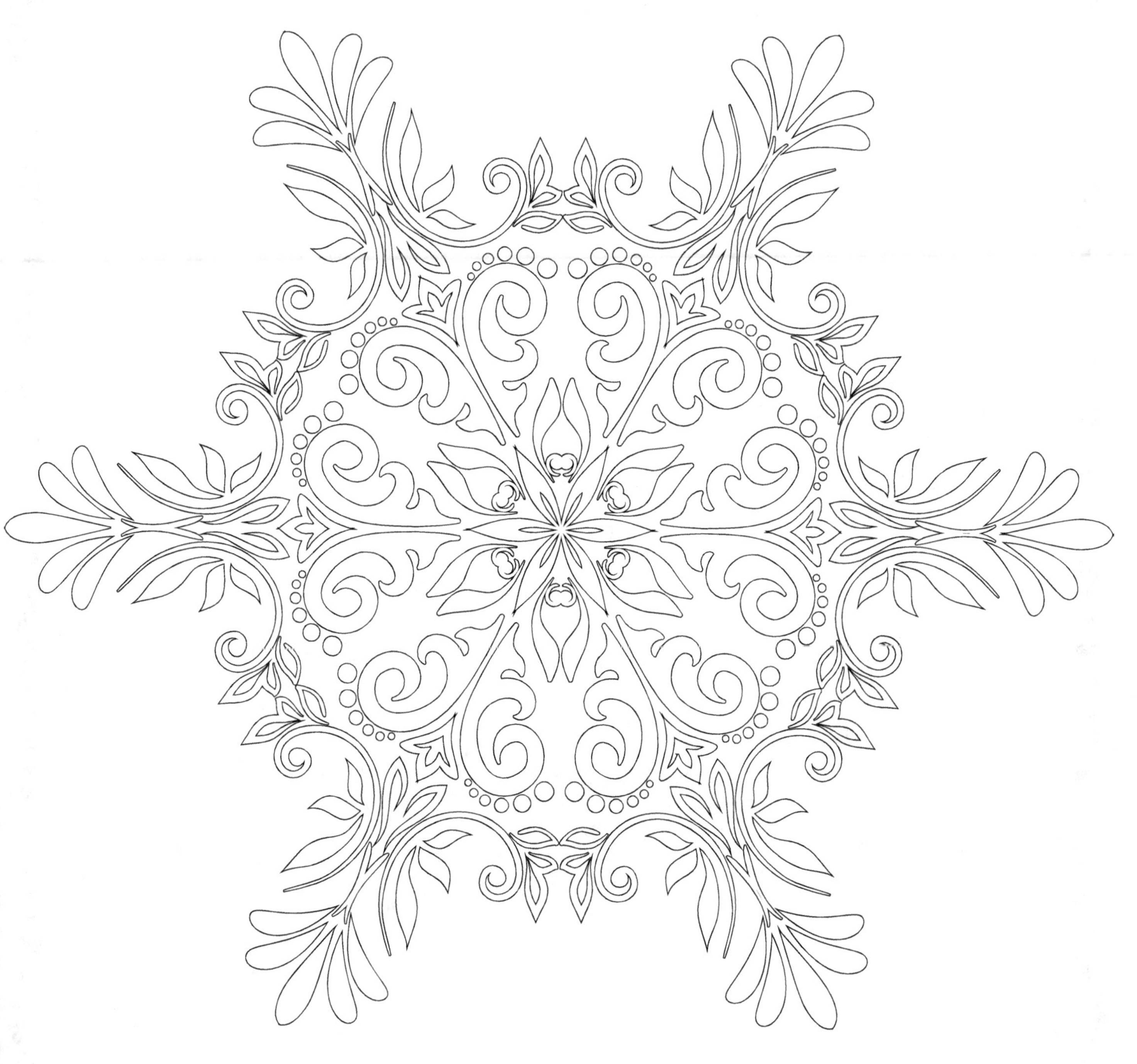

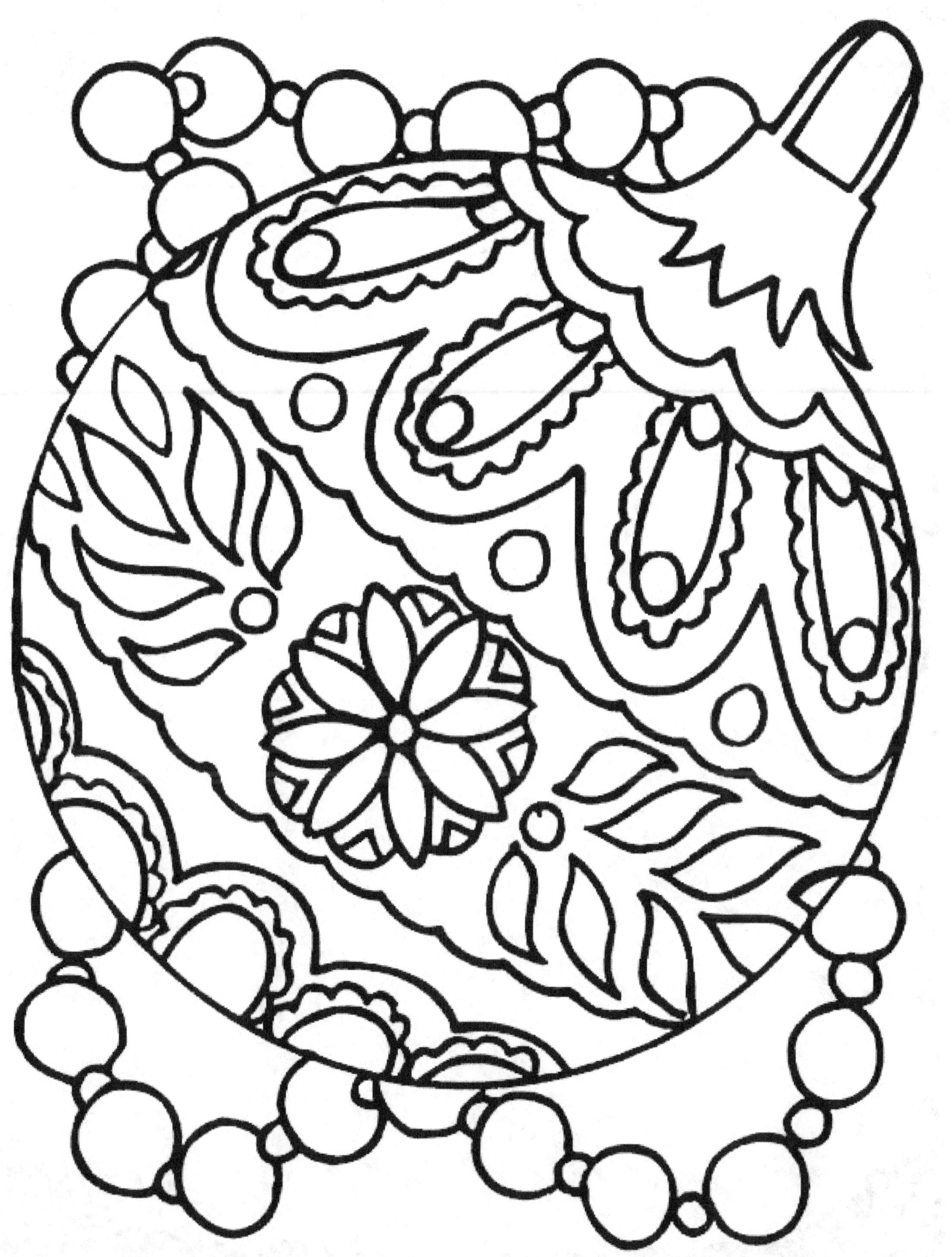

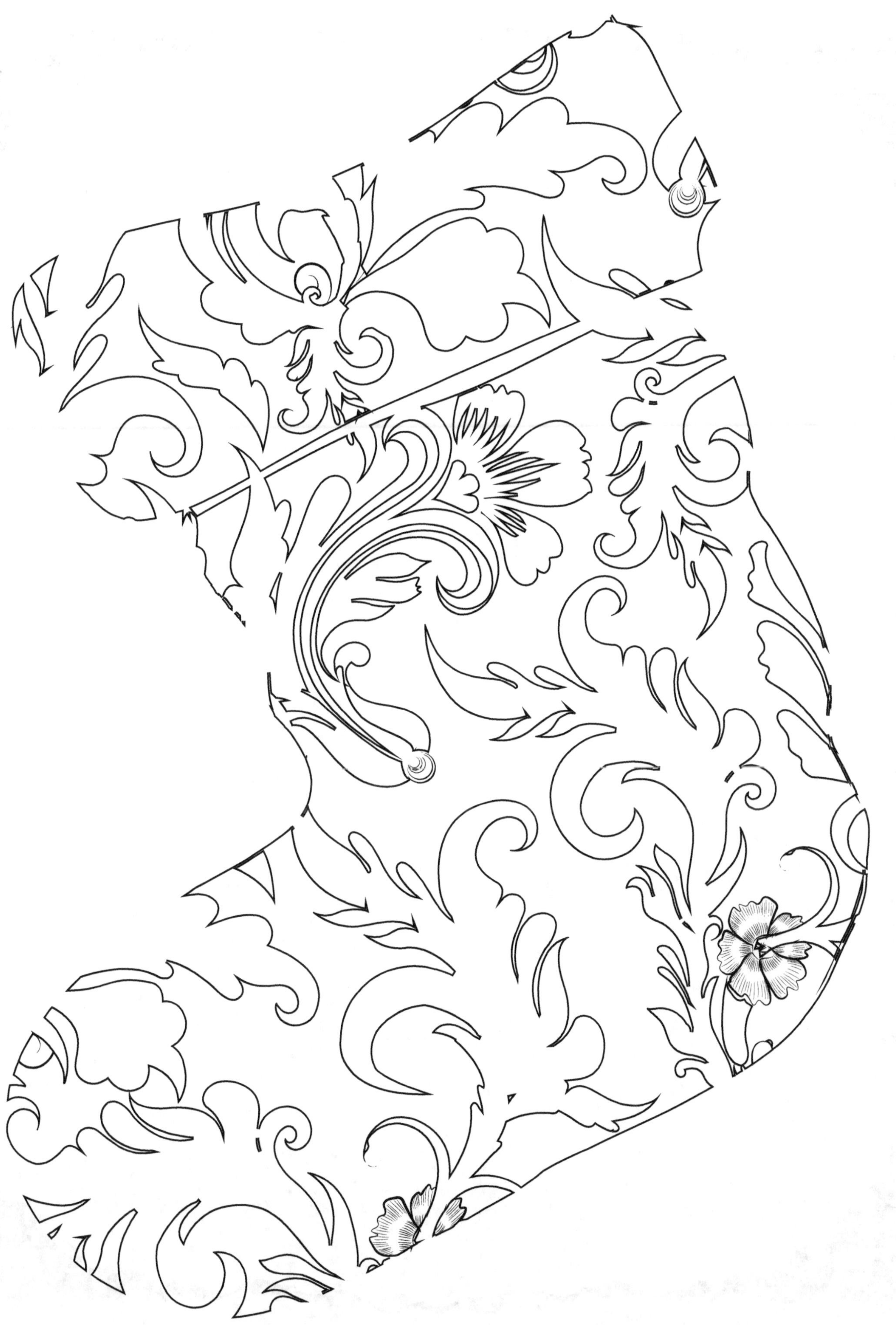

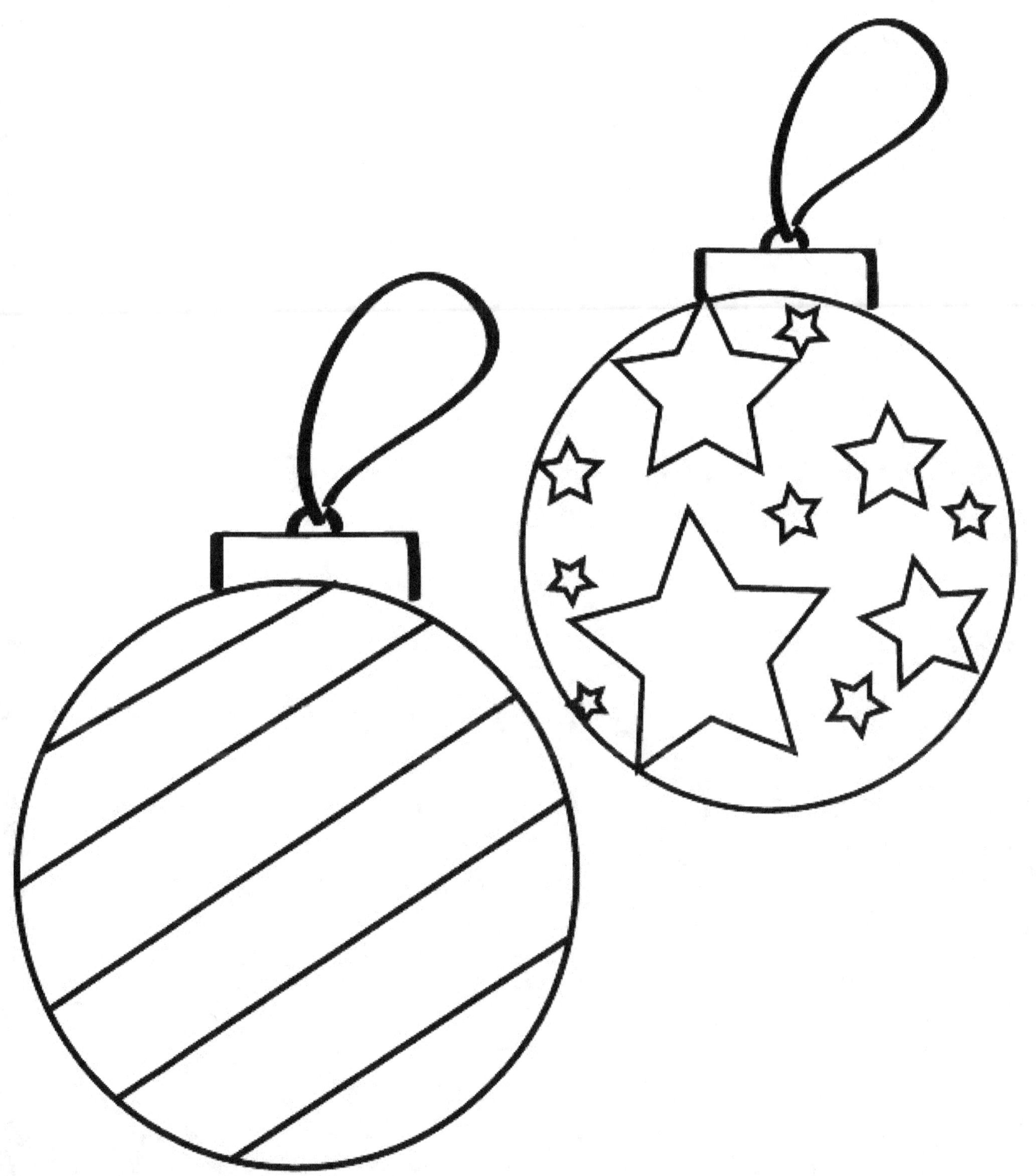

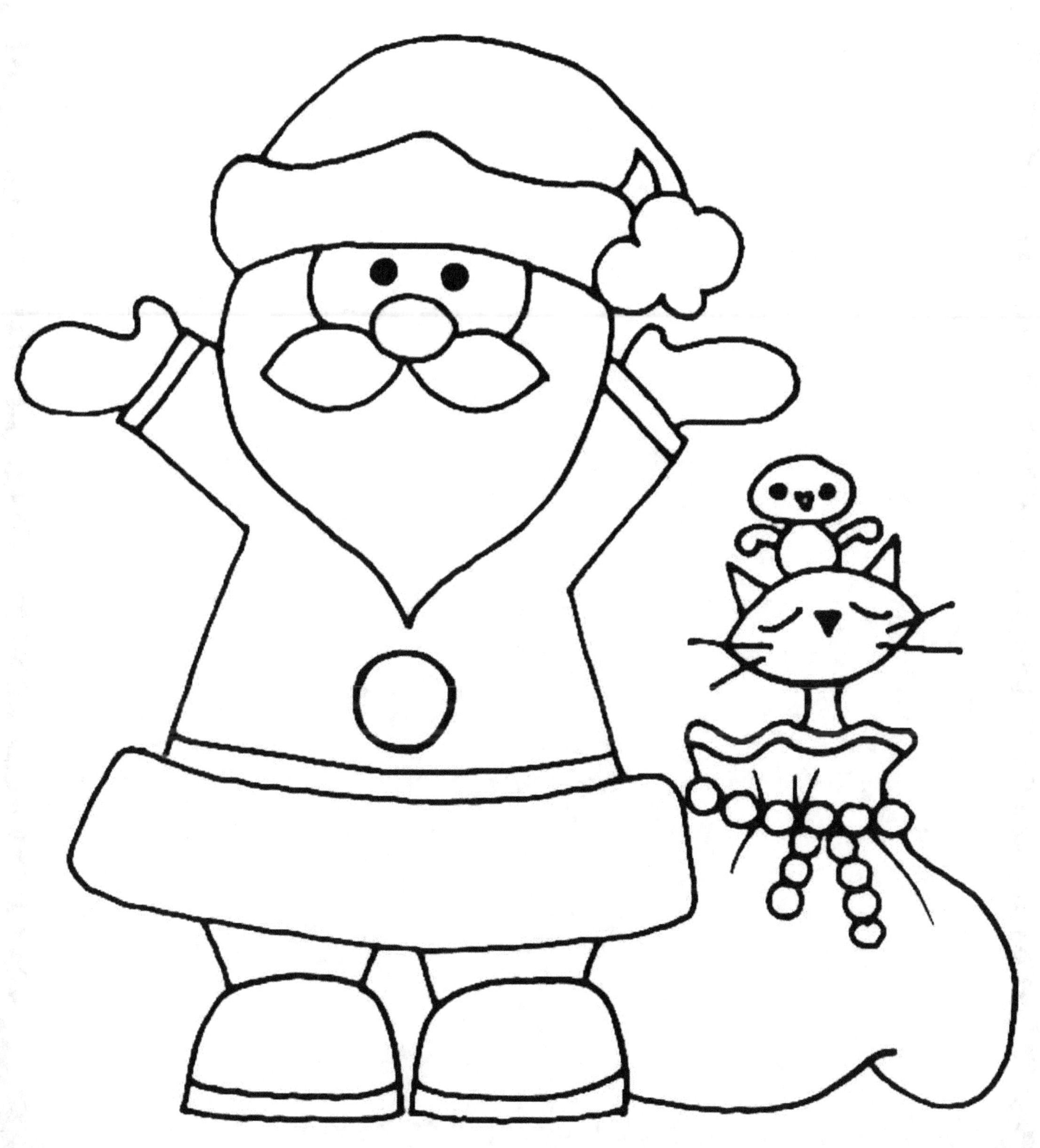

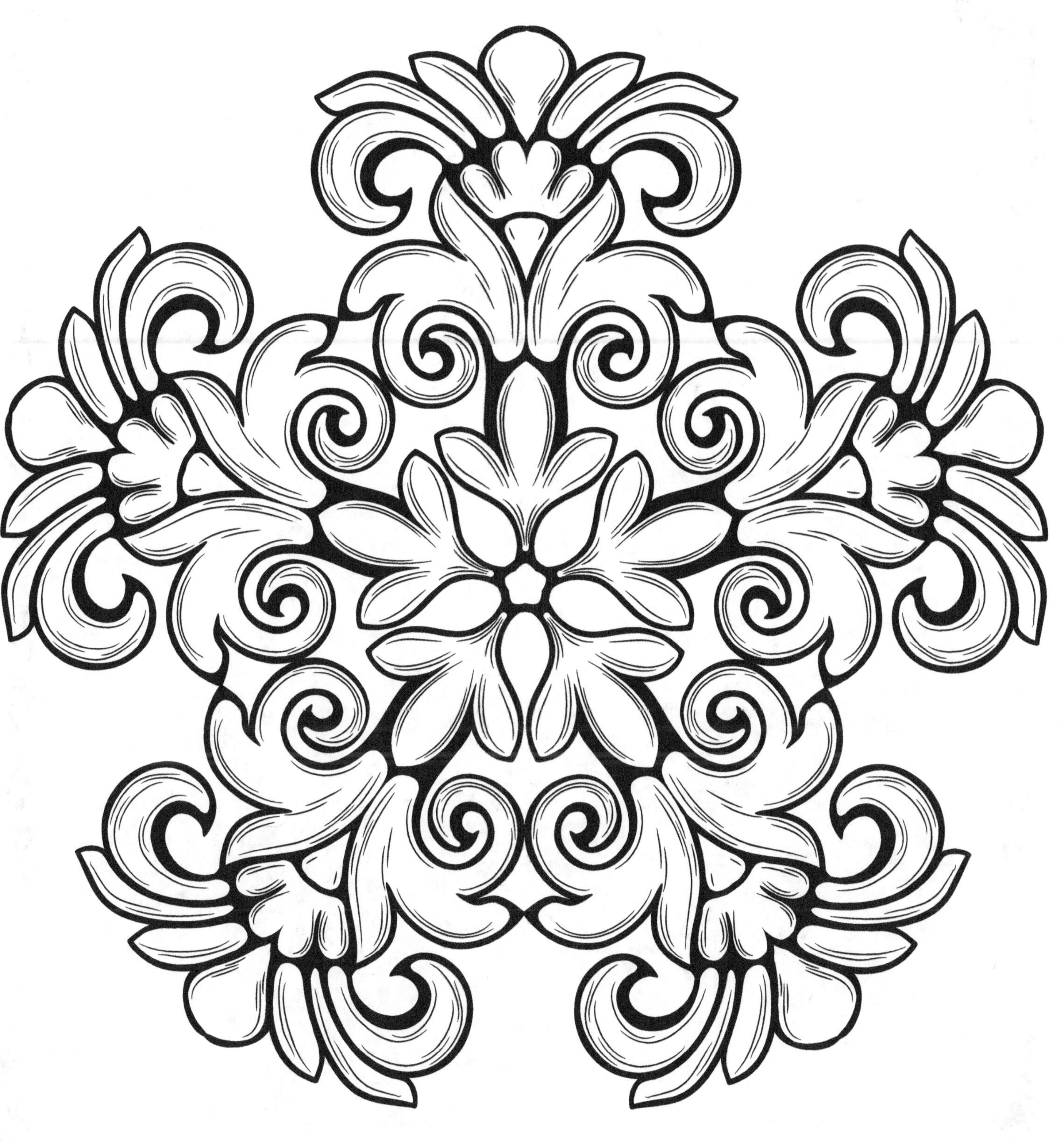

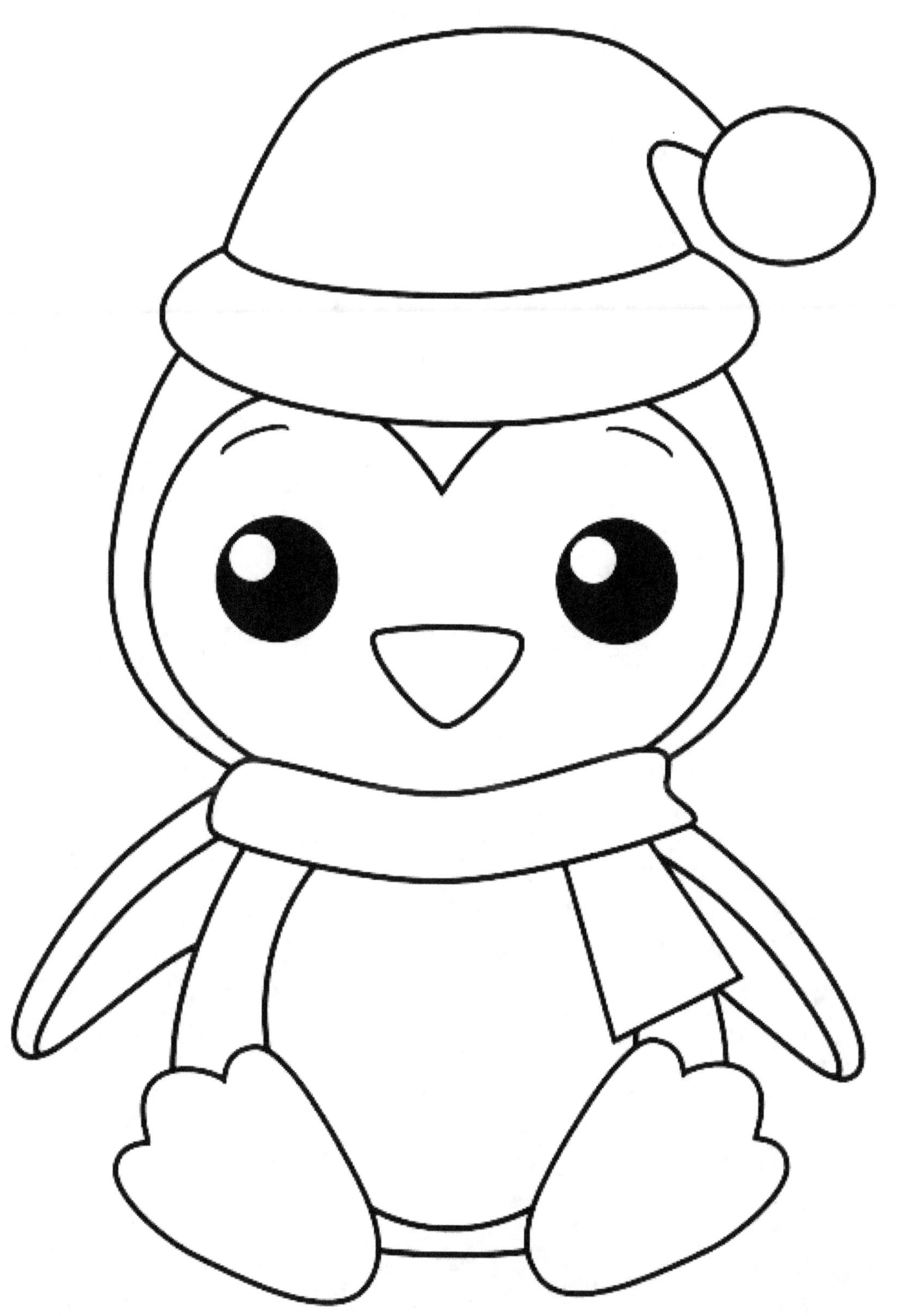

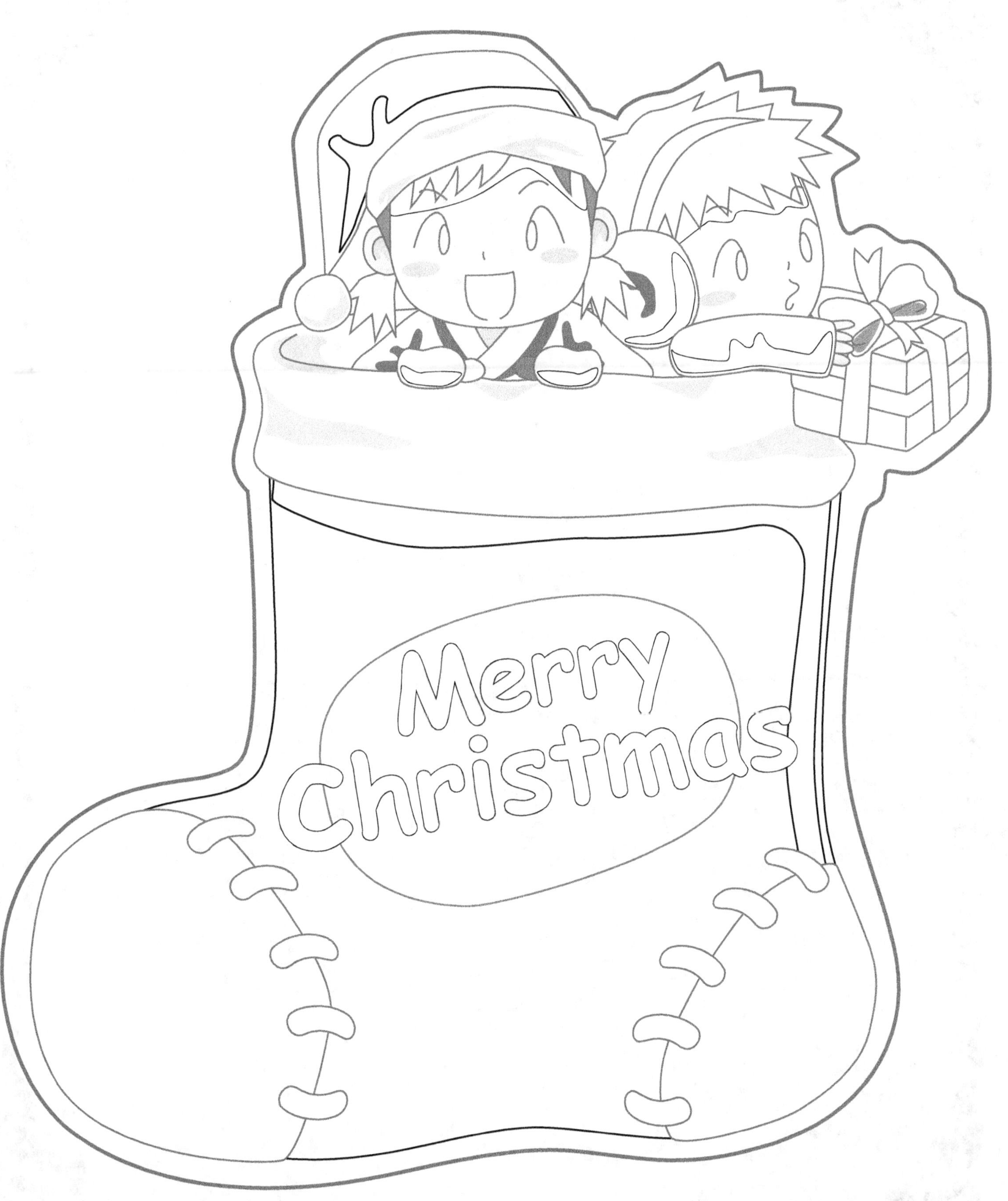

Merry
Christmas

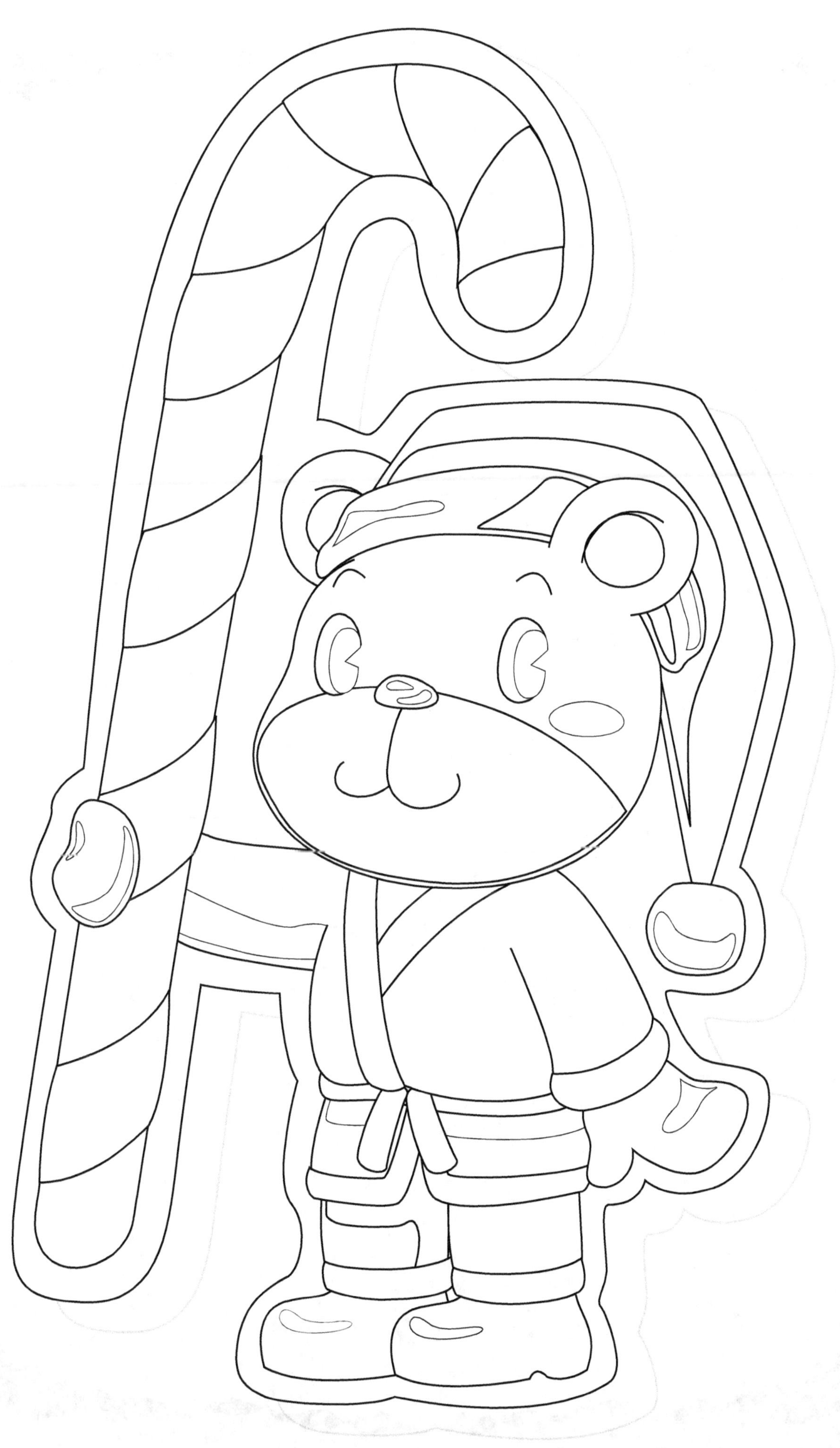

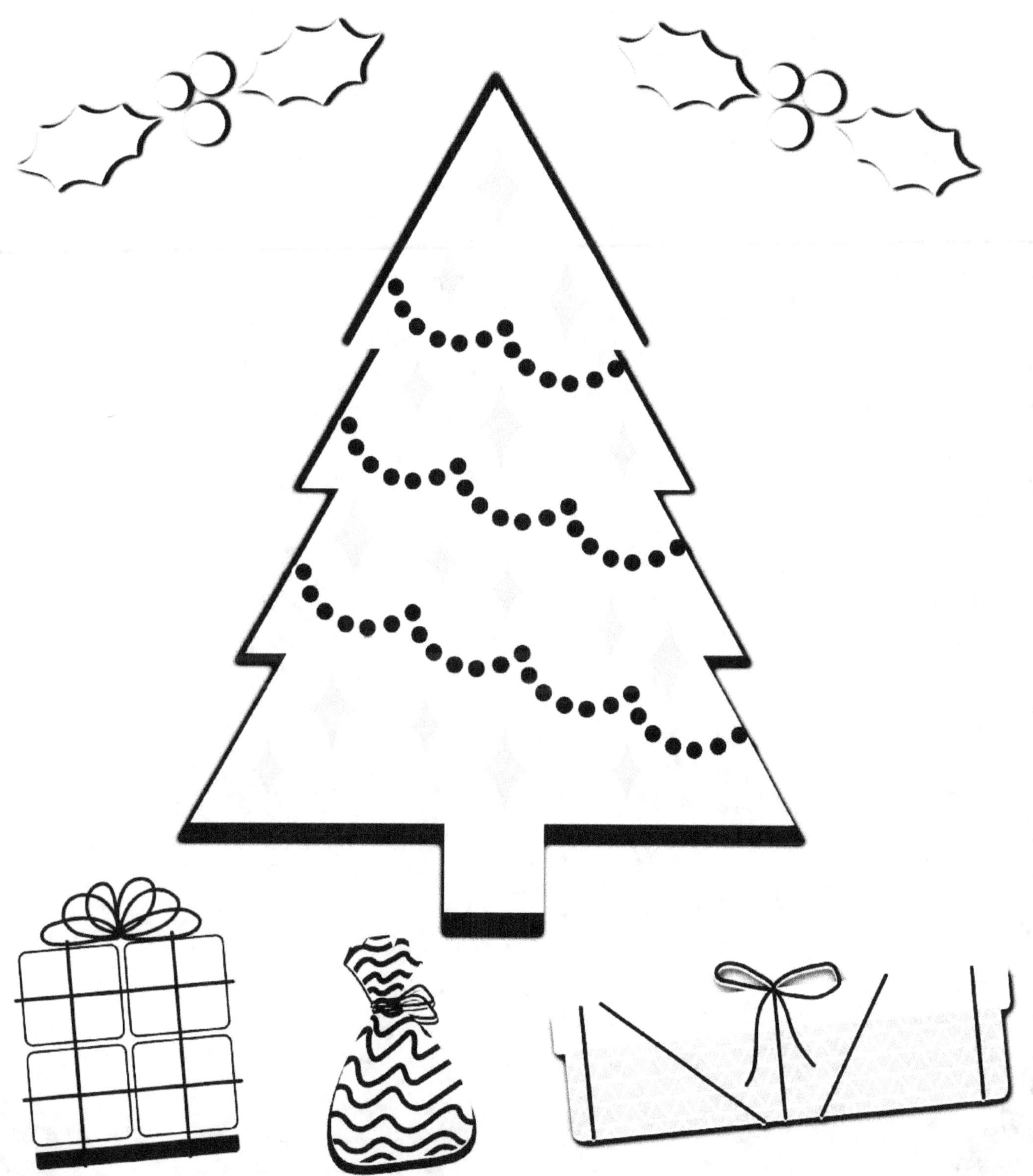

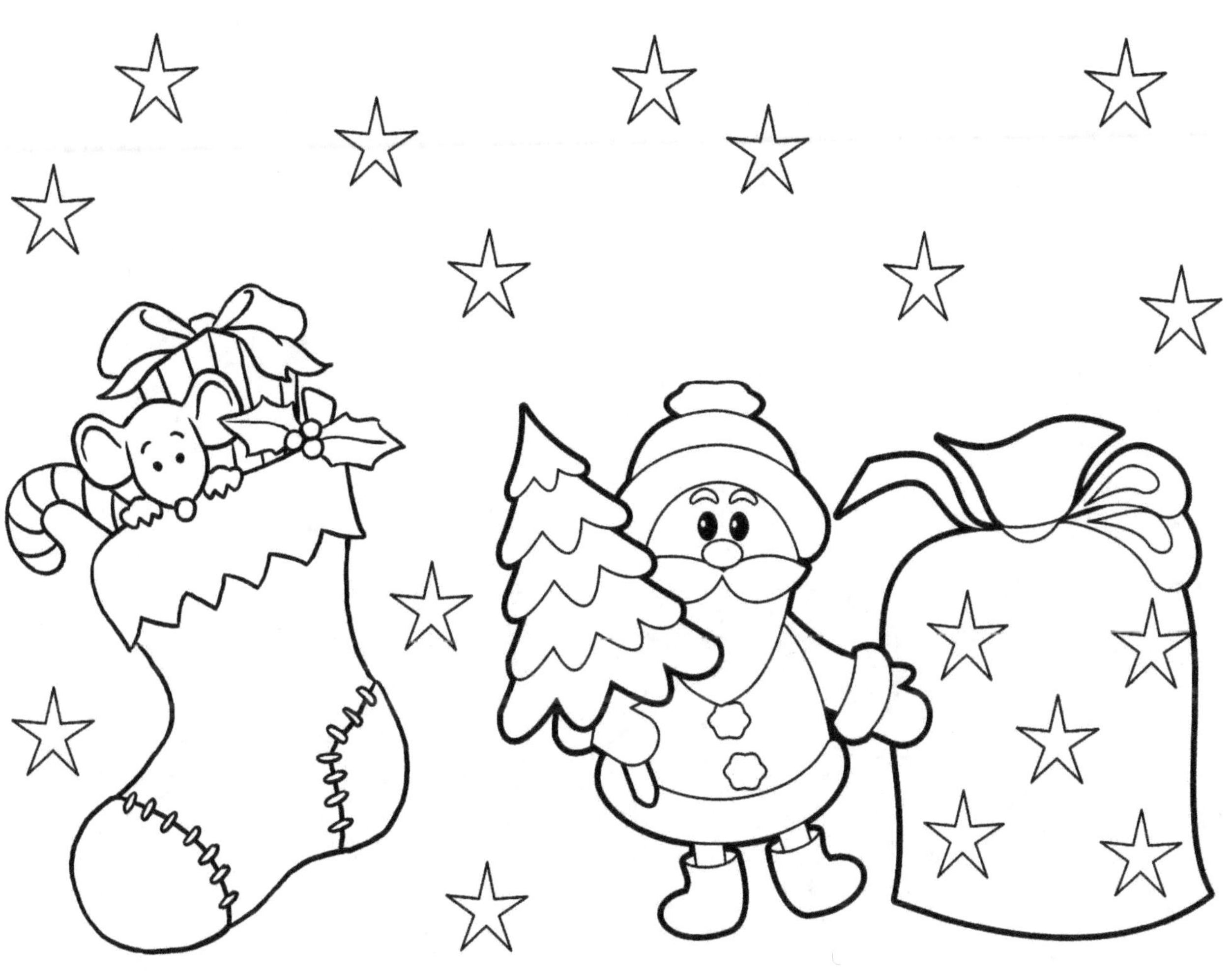

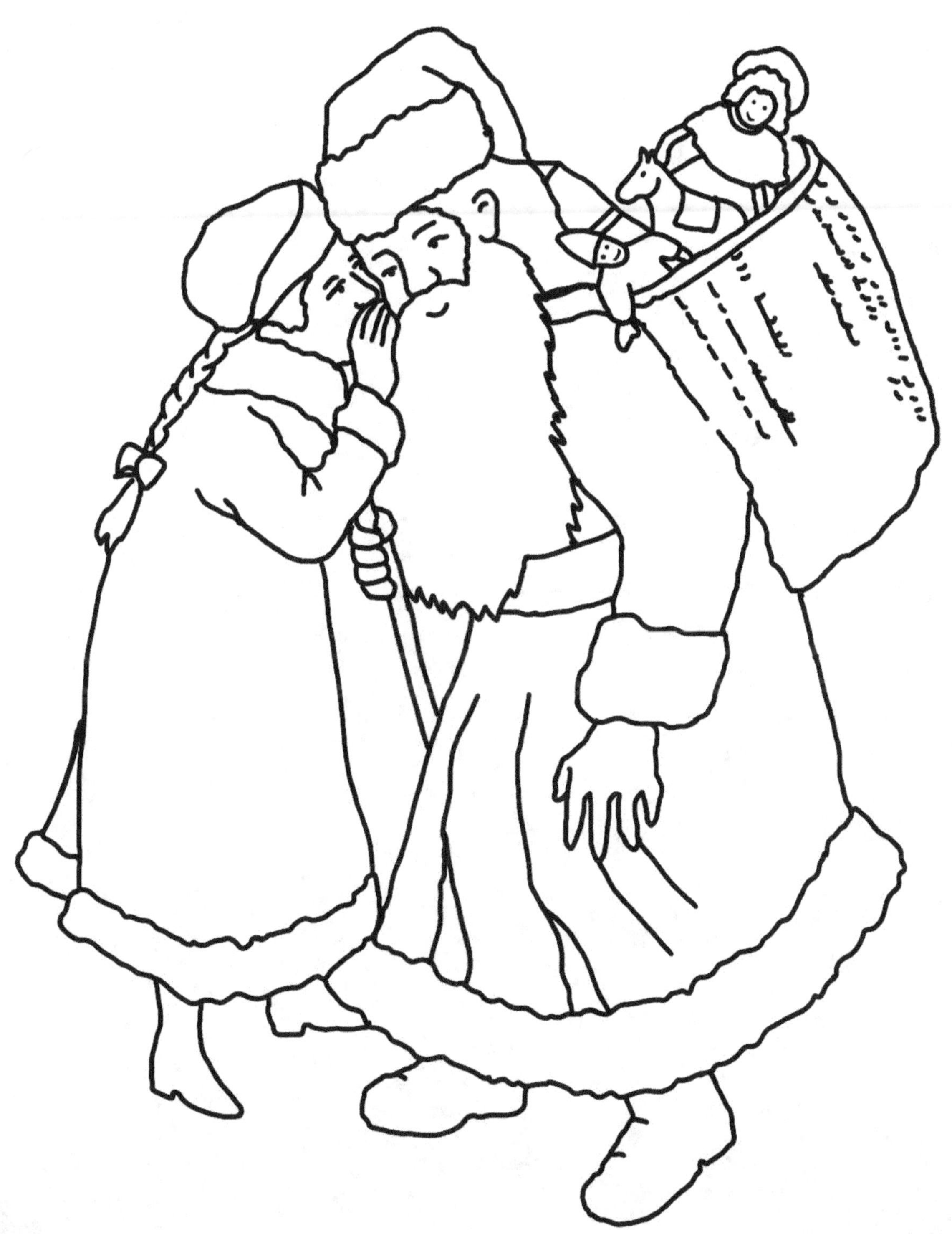

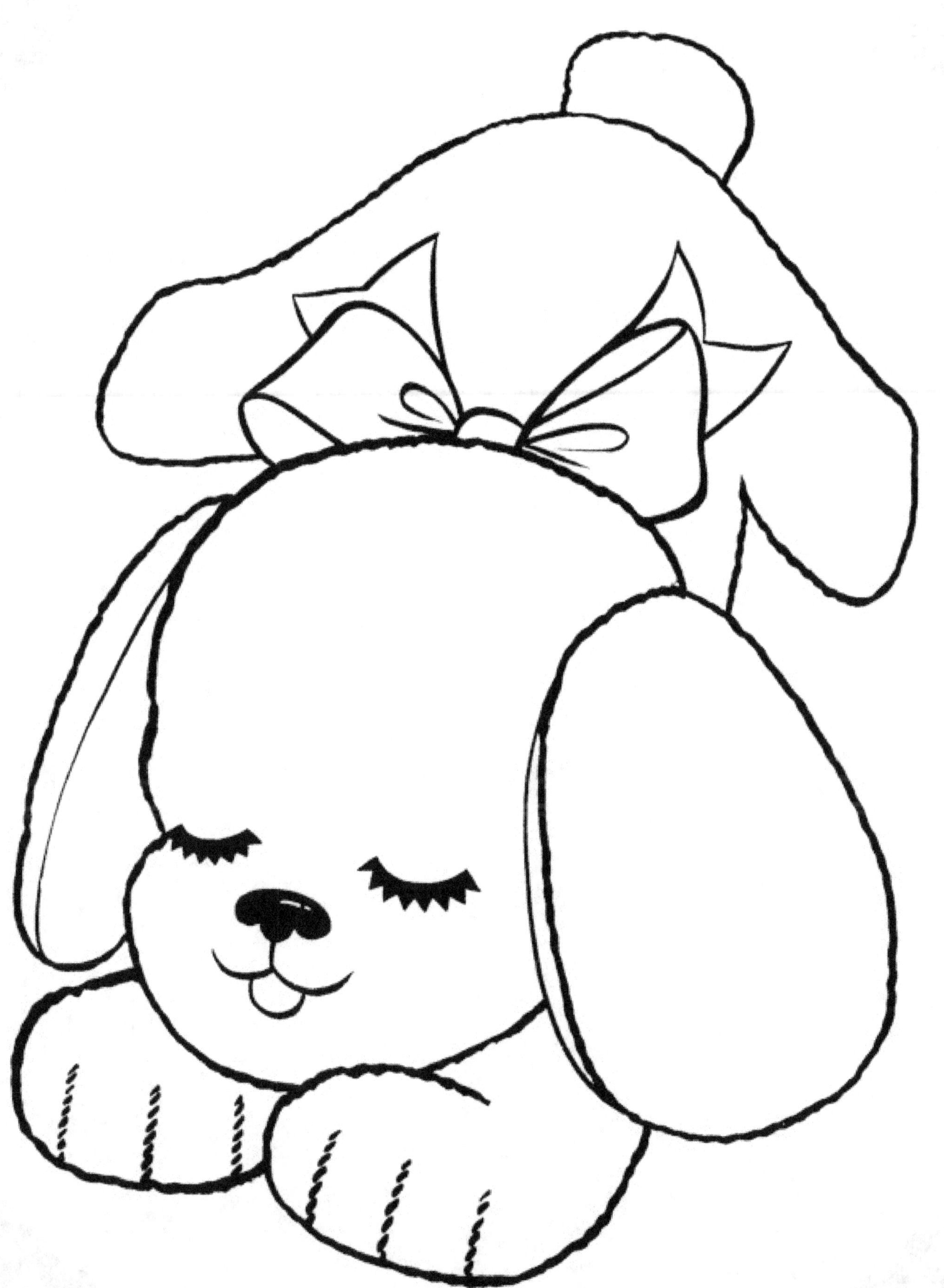

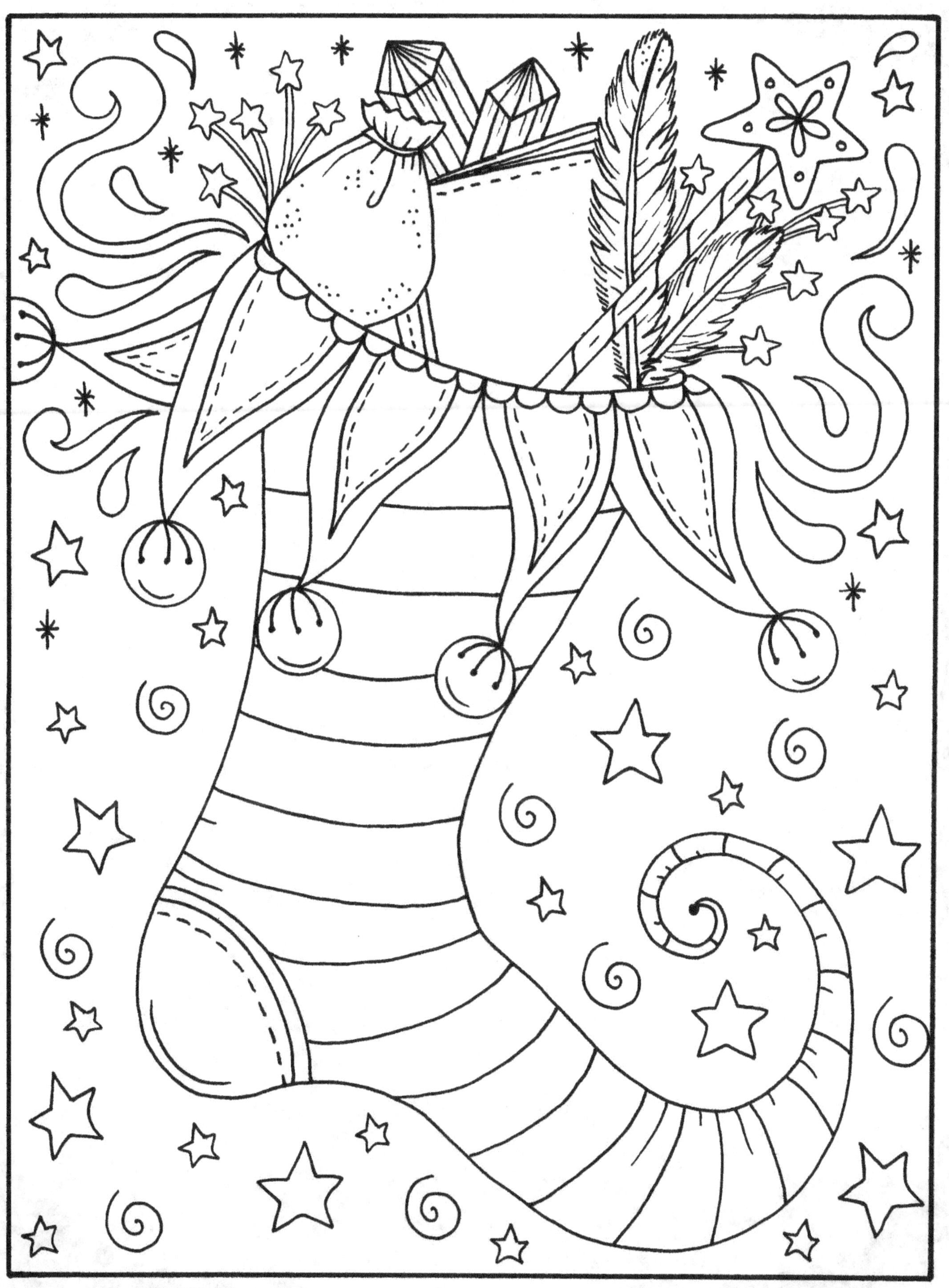

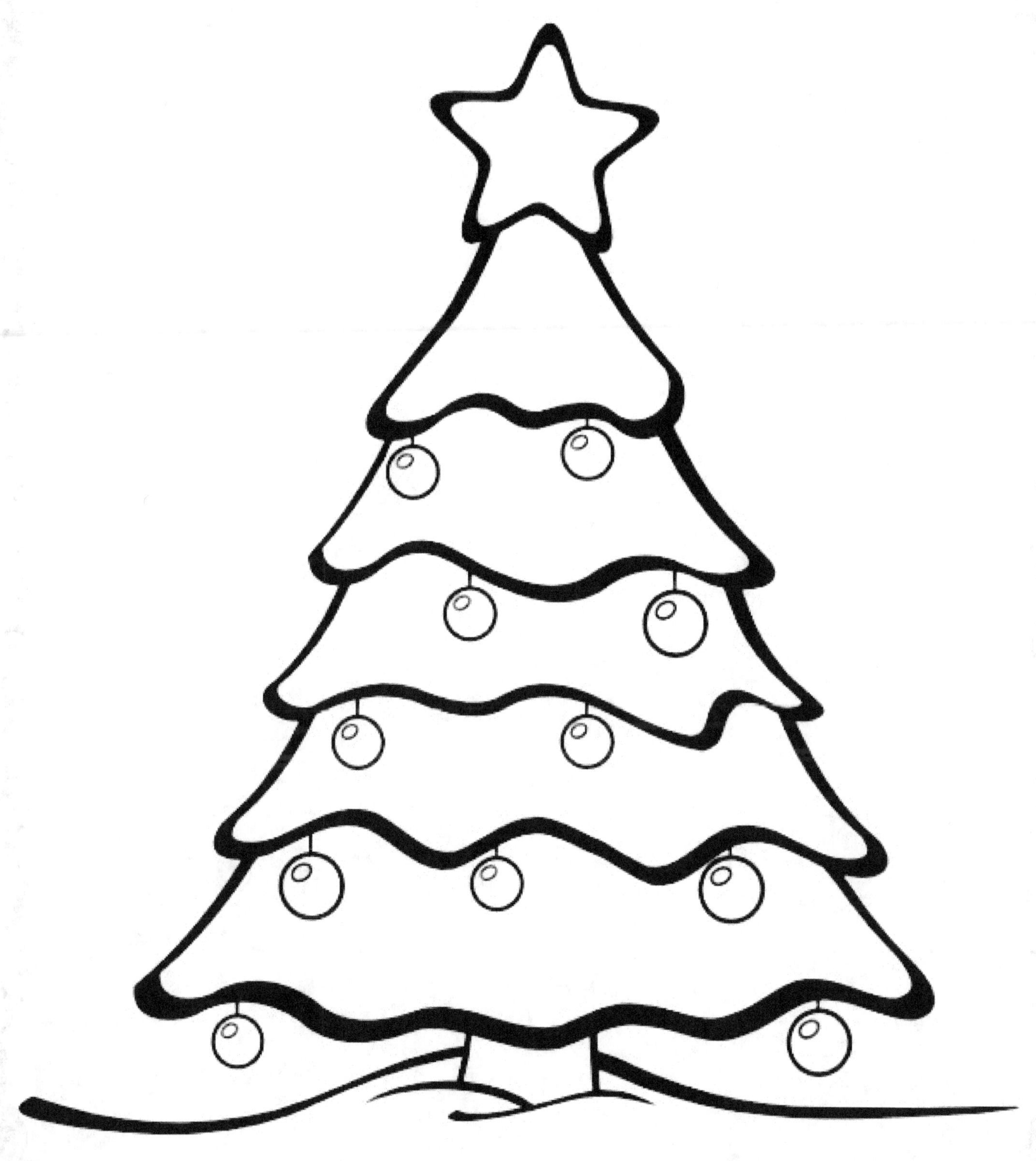

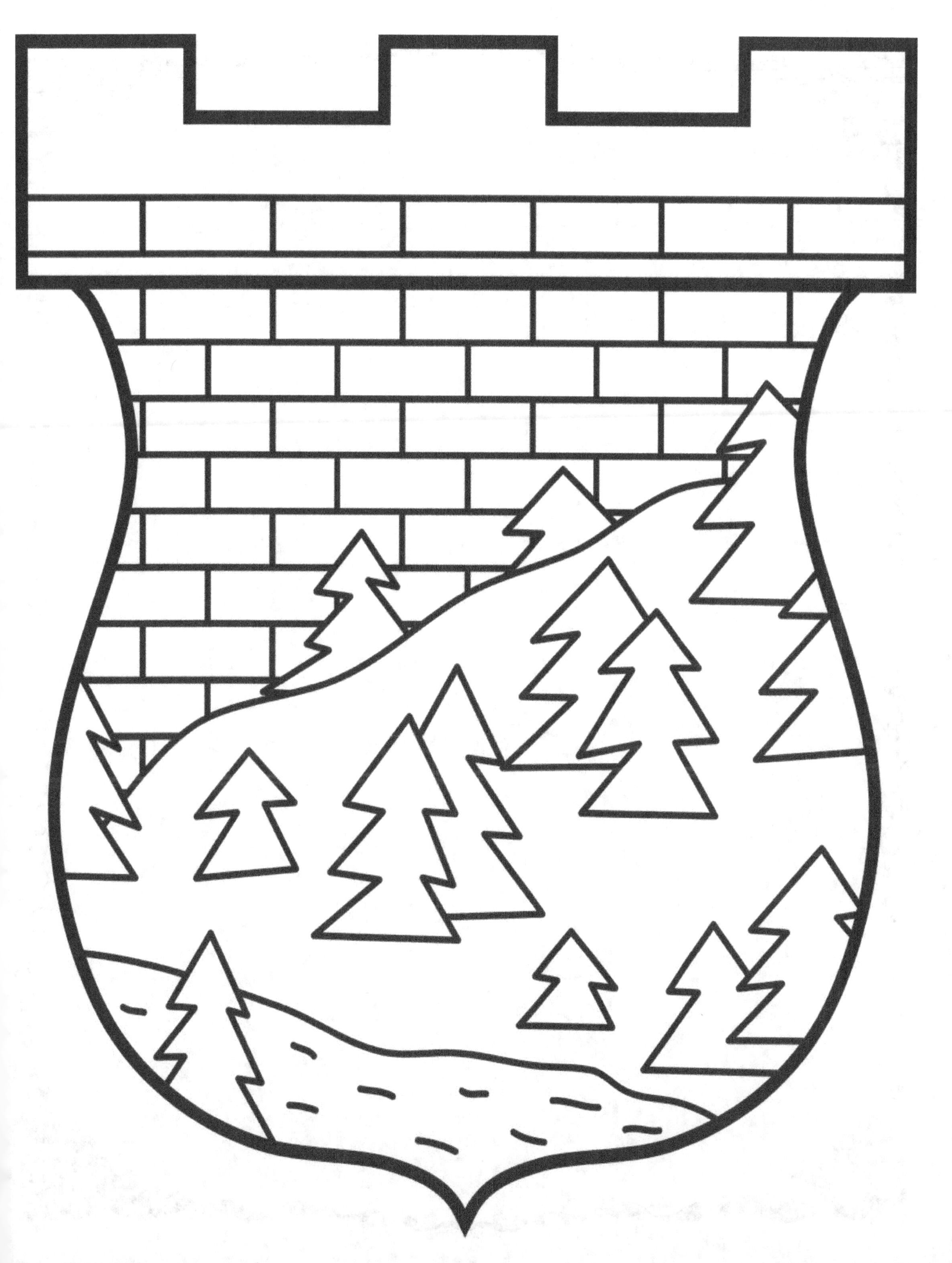

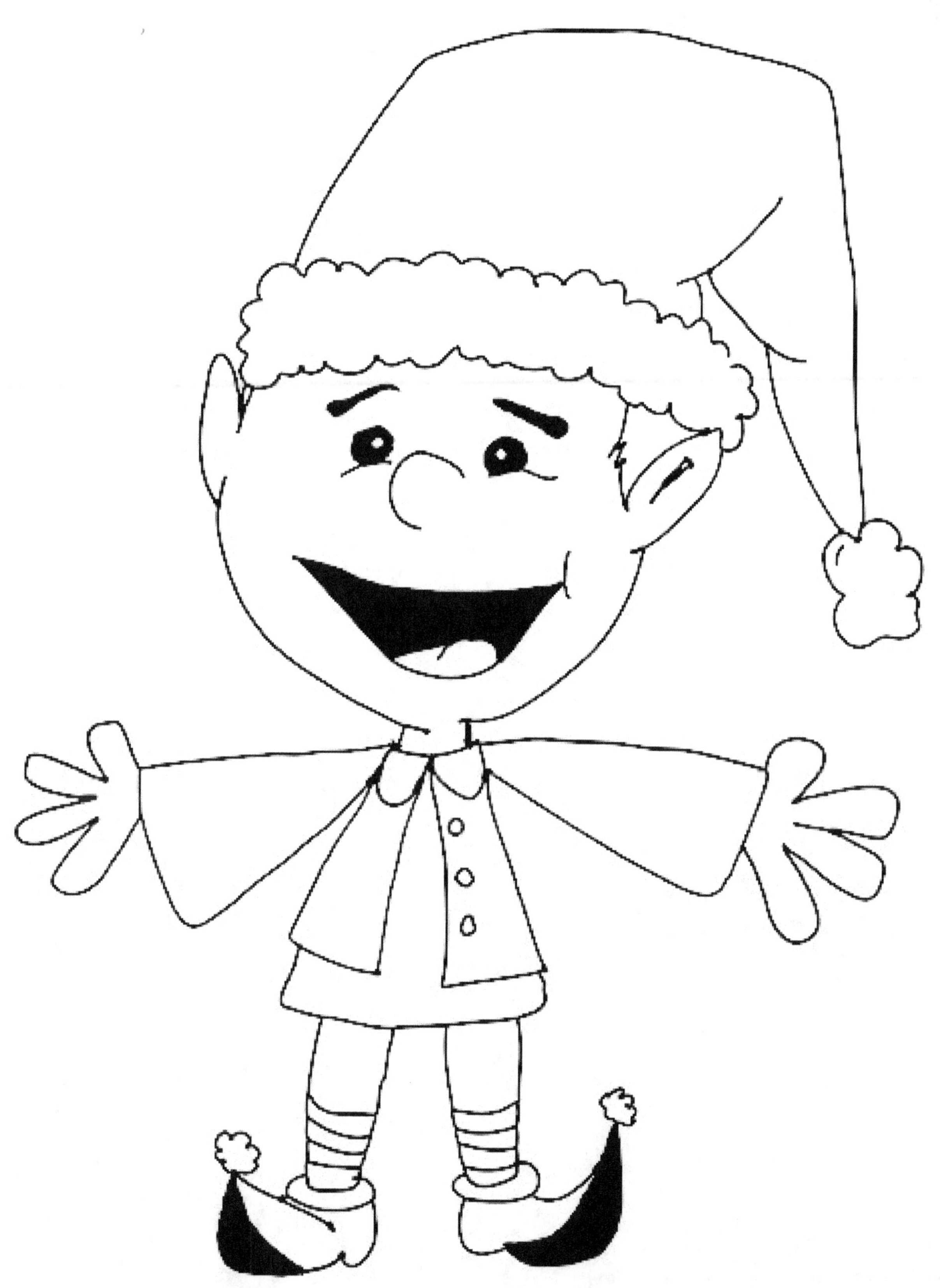

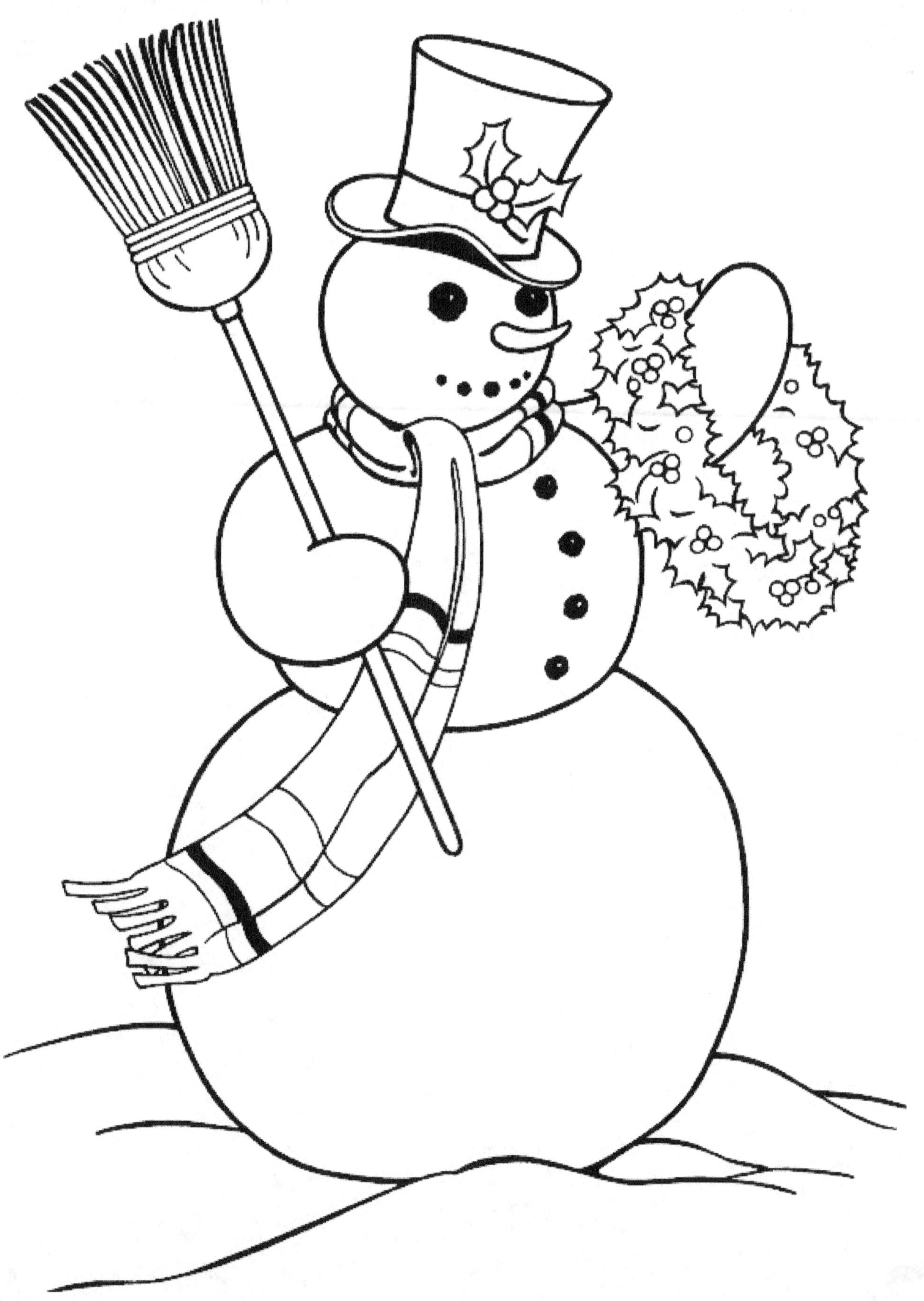

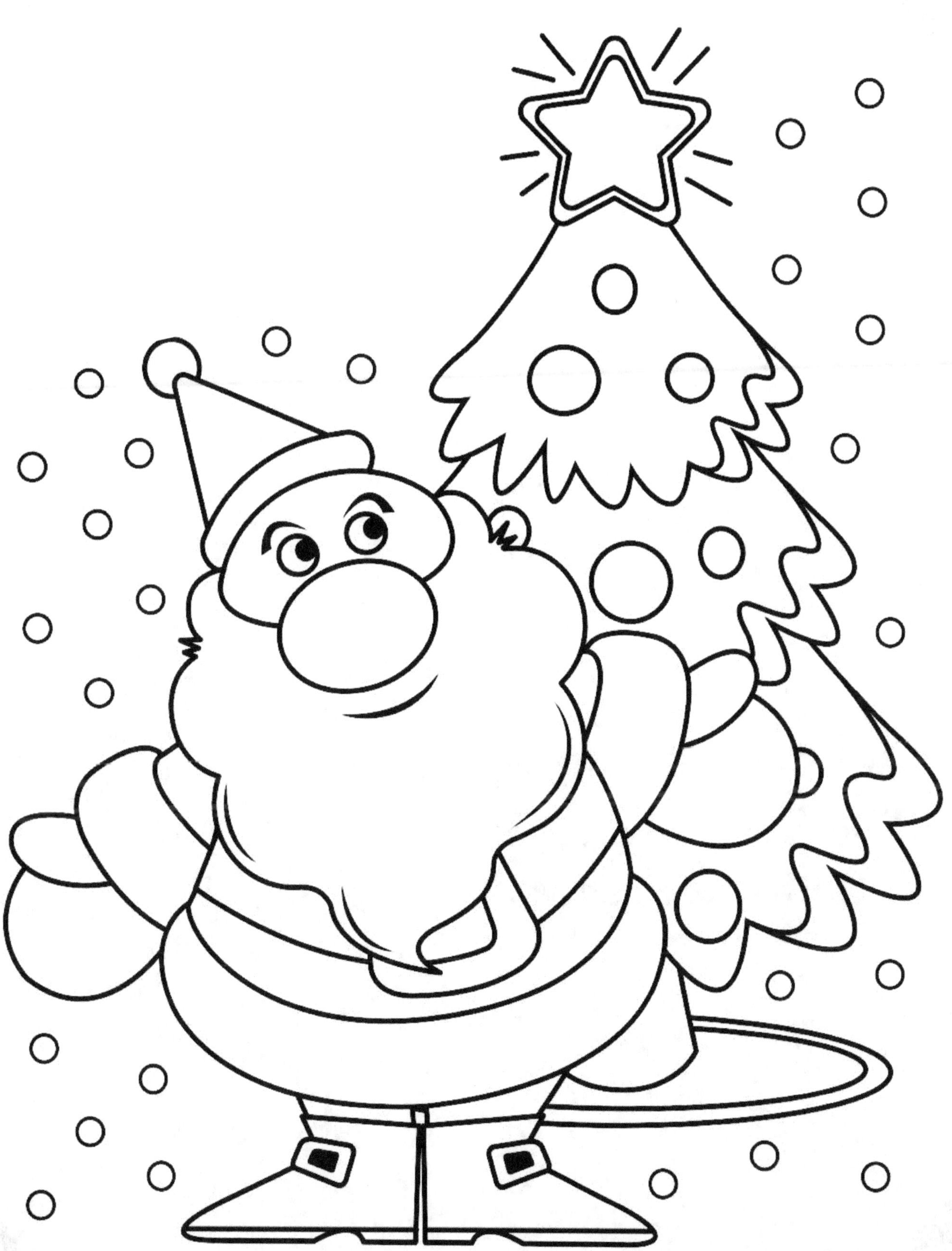

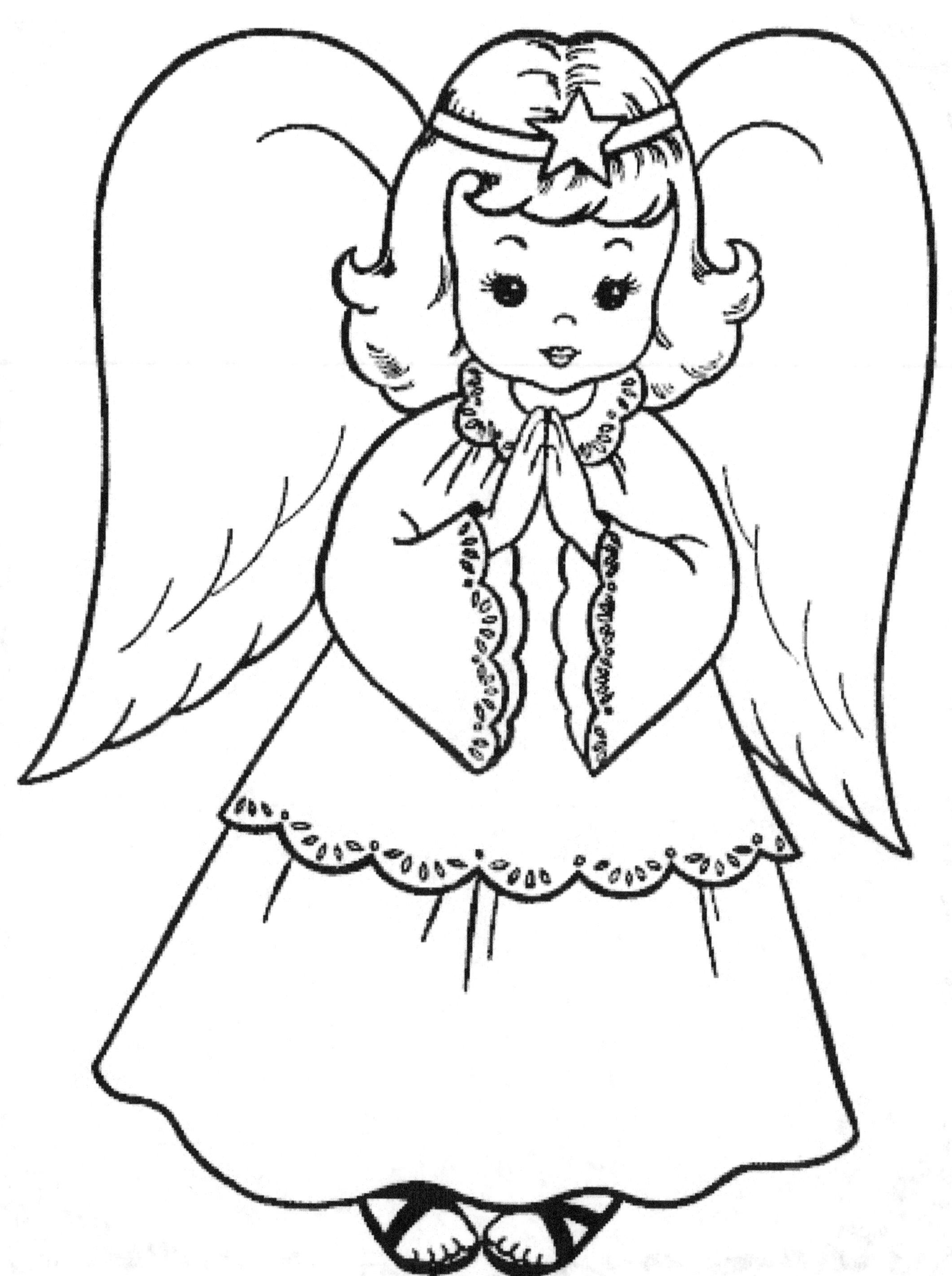